왜? 하고 물으면 과학이 답해요

지구 과학

왜? 하고 물으면 과학이 답해요 - 지구 과학

지은이	신현정
그린이	김성연
펴낸이	정규도
펴낸곳	(주)다락원
초판 1쇄 발행	2021년 4월 26일
편집총괄	최운선
기획편집	박소영
디자인	윤주파트너스

주소	경기도 파주시 문발로 211
내용문의	(02)736-2031 내선 275
구입문의	(02)736-2031 내선 250~252
Fax	(02)732-2037
출판등록	1977년 9월 16일 제406-2008-000007호

Copyright ⓒ 2021, 신현정

- 저자 및 출판사의 허락 없이 이 책의 일부 또는 전부를 무단 복제·전재·발췌할 수 없습니다.
- 구입 후 철회는 회사 내규에 부합하는 경우에 가능하므로 구입문의처에 문의하시기 바랍니다.
- 분실·파손 등에 따른 소비자 피해에 대해서는 공정거래위원회에서 고시한 소비자 분쟁 해결 기준에 따라 보상 가능합니다. 잘못된 책은 바꿔 드립니다.

값 12,000원
ISBN 978-89-277-4710-9 77450

http://www.darakwon.co.kr
다락원 홈페이지를 통해 인터넷 주문을 하시면 자세한 정보와 함께 다양한 혜택을 받으실 수 있습니다.

왜? 하고 물으면 과학이 답해요

신현정 지음 | 김성연 그림

지구 과학

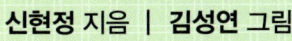
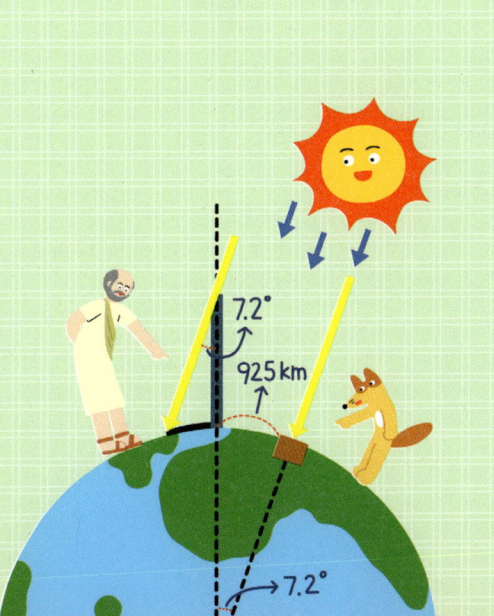

머리말
끝없는 우주와 소중한 지구에게

내가 여태 지구와 우주를 공부하는 이유는 할머니 댁이 시골이었기 때문인 게 틀림없어요.
방학마다 살았던 시골에서는 지구와 우주를 선명하게 느낄 수 있었거든요.
여름에는 저녁 8시까지 훤해서 엄마가 소리 지를 때까지 놀았고,
겨울이면 6시만 돼도 어두컴컴한 시골길이 무서워, 밖에 있는 화장실을 원망했지요.
여름에는 찜통 같았고, 겨울바람은 매서웠어요.
낮에는 동네를 쏘다니며 까마중, 산딸기 따위를 손끝이 까맣도록 수확하고,
밤에는 마당에 돗자리를 깔고 누워 천천히 움직이는 구름, 달, 별을 바라보았어요.

왜 빛나는 걸까? 얼마나 멀리 있는 걸까? 달에는 왜 얼룩이 있을까?
계절은 왜 달라지는 걸까, 비는 왜 내리는 걸까?
이 시냇물은 어디서 어떻게 시작된 걸까? 흘러 흘러 어디로 갈까?
사람보다 몇 배나 더 큰 돌이 어떻게 산 위에 있을까?

꽉 채워진 궁금 보따리를 과학책과 수업 시간 속에서 하나씩 해결하는 게 짜릿했어요.
과학 수업을 들으면서 오히려 더 많은 질문이 떠오를 때도 많았지만 그래도 좋았습니다.
과학이 특별히 멋진 이유는 답을 얻는 탐구 방법도 함께 알려주기 때문이거든요.
여러분도 궁금한 게 있나요? 그럼 이미 과학 공부하는 재미에 빠질 준비가 된 거예요.
그래서 저는 여러분이 이 책을 읽고 나서 궁금 보따리가 마구마구 커졌으면 좋겠어요.

1990년에 명왕성 근처를 지나던 보이저 1호가 방향을 돌려 지구를 찍었어요.
60억km쯤 떨어진 곳에서 본 지구는 푸르스름하고 마침표만큼 작은 점이었지요.
70억 명의 사람들과 수많은 생명을 품은 지구는, 내 생각보다 훨씬 작고 연약해 보였어요.
불과 200년 만에 지구의 환경은 무척 달라졌어요. 지금 저에게 가장 큰 고민은
어느새 우리의 삶을 위협하게 된 기후 변화와 플라스틱 쓰레기 문제입니다.
기후 변화는 왜 일어나는 걸까요?
안전하게 살기 위해 우리는 무엇을 해야 할까요?
더 많은 사람들이 질문을 던지고 답을 찾아 탐구하며, 이 문제에 뛰어들기를 소망합니다.

재미있으면서도 보다 정확하게 표현하기 위해 수없이 그림을 수정한 김성연 그림 작가,
단어 하나 그림 하나 꼼꼼하게 챙긴 박소영 편집자와 함께 좋은 책을 만들기 위해
힘을 모았습니다. 그러나 마지막으로 책을 완성 시키는 건, 바로 지금 이 책을 펼친
어린이 독자 여러분들입니다.
정말 감사하고, 환영합니다.

2021년 3월
신현정

궁금한 과학을 발견하는 방법

지구 과학이 어렵다고?
우리 주변에 숨어 있는
지구 과학 원리로
진짜 쉽게 배우자!

초·중등 교과 단원 연계로
지구 과학 개념을 한눈에 파악해요.
학년에 상관없이 주제별로
다루어서 중학생이 되어도
과학 자신감이 쑥쑥!

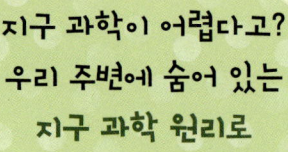

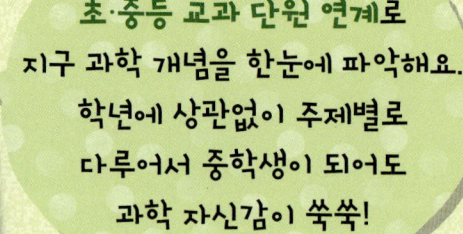

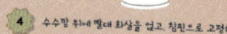

보너스 코너! 집에서
쉽게 할 수 있는 실험이
곳곳에 담겨 있어요!

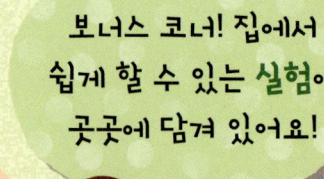
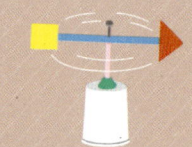

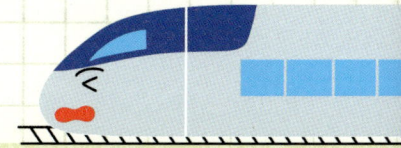

중요한 내용은 밑줄 쫙!

핵심만 정리한 **키노트**로 낯선 지구 과학 개념과 친해지기!

지구 과학 원리를 인포그래픽과 다양한 그림으로 설명해 주어 지루할 틈이 없어요!

호기심을 자극하는 재미난 **미니퀴즈**로 궁금증은 더하고, 지구 과학 상식은 늘리고!

차례

1	지구가 정말 둥그란 걸까?	10
2	나침반의 비밀!	14
3	다이아몬드는 왜 비싼 거야?	18
4	물이 동굴을 만들었다고?	22
5	절벽을 장식하는 줄무늬의 정체!	26
6	히말라야산맥에서 어떻게 소금이 나와?	32
7	백두산이 폭발한다면?	38
8	돌에도 족보가 있다고?	44
9	4억 년 전 생물의 사진을 발견했다고?	48
10	지구의 나이는 46억 살!	52
11	새가 공룡의 후손이라고?	58
12	바닷물을 마시면 왜 안 될까?	62
13	100년 전에 보낸 편지가 도착했다고?	66
14	밀물과 썰물은 왜 생길까?	70
15	대기는 슈퍼 파워 보호막!	74
16	비행기 안에서 왜 귀가 먹먹할까?	80

17	태풍은 왜 꼭 여름에 오지?	86
18	구름을 타고 다닐 수 있을까?	90
19	깨끗한 공기 사세요!	94
20	6개월 동안 산불이 났다고?	98
21	왜 낮과 밤이 생길까?	102
22	계절은 왜 변하는 거야?	106
23	별자리는 어떻게 생긴 걸까?	110
24	추석은 왜 해마다 달라질까?	114
25	화성에 사람이 살 수 있을까?	118
26	태양이 별이라고?	124
27	별이 폭발하면 블랙홀이 된대!	128
28	견우와 직녀는 만날 수 있을까?	132
29	우주인은 서서 잠을 잔다고?	136
30	외계인을 찾아라!	140
•	친절한 지구 과학 용어 사전	144

지구가 정말로 동그란 걸까?

초3 지구의 모습
중1 지권의 변화

후유. 정말 큰 고민이 생겼어.
내일까지 꼭 해야 하는 숙제가 있는데,
어떻게 해야 할지 도저히 모르겠다고!
'지구에 사는 세계 여러 나라 친구들의 모습
그리기'거든.
지구는 동그란 모양이니까
일단 커다란 원을 하나 그렸지.
그리고 나와 내 동생, 중국, 일본 친구를 그렸어.
근데 지구본을 보니까 호주랑 브라질이랑
아프리카는 아래쪽에 있던데 거기에 사는
친구들은 그럼 거꾸로 그려야 하는 걸까?
우주로 떨어질 것 같은데!
너무 이상해. 지구가 정말로 동그란 걸까?

사실은 지구가 편평한 게 아닐까?

우리가 사는 지구가 어떤 모습인지 살펴봐. 편평한 땅과 언덕, 산, 계곡, 강, 바다, 논밭도 있지.
자동차를 타고 아무리 멀리 가도 끝없이 펼쳐져 있어.
그런데 우리가 사는 땅의 이름인 **지구(地球)**는 한자어로 '둥근 공 모양의 땅'이라는 뜻이야.
사실 지구의 둥근 모양을 느낄 수 없는 것은 당연해. 지구가 어마어마하게 크니까.
'공 굴리기' 게임을 할 때 친구들과 함께 여럿이 굴리는 커다란 공을 생각해 봐.
그 위에 있는 개미는 자기가 엄청나게 큰 공 위에 있다는 것을 모를 거야.

언제부터 지구가 둥글다는 걸 알았을까?

지금으로부터 무려 2,400년 전, 고대 그리스에 몇몇 학자들은 지구가 둥글다는 것을 알았어.
태양과 지구와 달이 나란히 있을 때 지구의 그림자가 보름달을 가리는 현상을 **월식**이라고 해.
아리스토텔레스는 월식을 관찰해서 지구의 그림자가 둥근 것을 알아냈지.
같은 날 같은 시간에 지역마다 그림자 길이가 다른 것도 지구가 둥글다는 증거야.
지구가 편평하다면 아무리 멀리 떨어져 있어도 모든 곳의 그림자 길이가 같을 테니까.
심지어 에라스토테네스는 그림자 길이의 차이를 이용해 지구의 둘레가 약 45,000km라고 계산했어.
실제 지구의 둘레는 약 40,000km로 조금 다르긴 하지만 자와 각도기만으로 거의 정확하게
지구의 모양과 크기를 알았다는 것은 정말 놀라운 일이야.

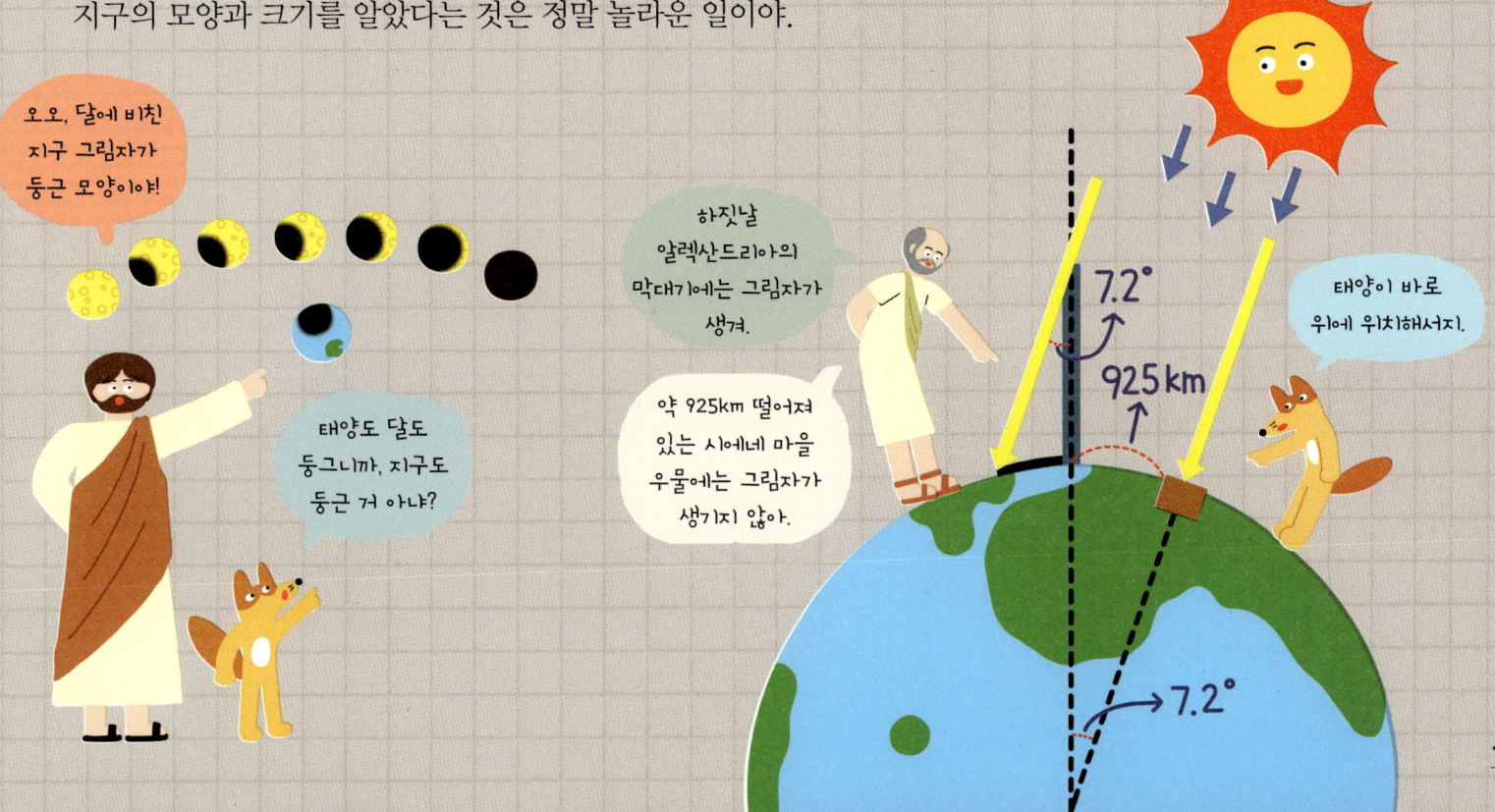

증거는 더 있어!

먼 바다에서 돌아오는 배를 관찰해도 지구가 둥글다는 것을 알 수 있어.
처음에는 배에 달린 돛만 보이다가 점차 배가 위로 올라오는 것처럼 보이지.
만약 지구가 편평하다면 아주 멀리 있어도 배의 전체 모습이 보일 거야.
지구가 둥글다는 가장 확실한
증거는 바로 인공위성이
찍은 사진이야.

지구는 완전한 공 모양이 아니야

지구는 축구공처럼 완전한 공 모양은 아니야.
지구 가운데 적도 부분이 살짝 부푼 타원 모양이지.
지구의 적도 반지름은 6,378km, 극반지름은 6,357km거든.
눈으로는 그 차이를 알아채기 어려울 정도로 원에 가까운 타원이야.

지구의 중력이 모두를 꽉 잡고 있어

지구는 모든 물체를 지구의 중심으로 끌어당기는
힘이 있는데, 이 힘을 **중력**이라고 해.
공을 아무리 높이 던져도 결국은 떨어지는 이유도 중력이 있어서야.
눈에 보이지 않는 공기도 지구의 중력에 붙잡혀서 지구 표면에 있는 것이지.
지구 표면에 있는 모든 것은 중력에 붙잡혀 있으니까 반대편에 있는
친구들이 떨어질 것 같은 걱정은 하지 않아도 돼.

키노트

지구는 적도 부근이 약간 부푼 타원형 공 모양이야.
지구는 모든 물체를 중심 쪽으로 끌어당기는 중력을 가지고 있어.
중력 때문에 무거운 바윗돌부터 가벼운 공기까지 모두 지구에 붙잡혀 있지.

미니퀴즈 궁금증 더하기

옛날 사람들은 지구가 어떤 모양이라고 생각했을까?

대부분의 사람은 지구가 둥글다고 생각하지 않았어.
아무리 둘러봐도 사방이 편평한 땅이거나 바다였으니까. 어떻게 생각했을까?

01 동아시아

땅은 네모나고 하늘은 둥글지.

02 고대 인도

커다란 뱀과 거북이와 코끼리가 땅을 받치고 있어.

03 유럽

배를 타고 바다 끝에 가면 괴물 입 속으로 떨어진대.

04 고대 그리스

거인 신이 땅을 들고 있다니까.

나침반의 비밀!

초3 지구의 모습

중1 지권의 변화

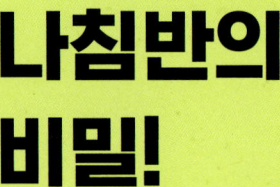

학교에서 탐험 체험 학습을 갔어.
버스가 입구에 도착하고, 우리는 모두 내렸지.
선생님은 4명씩 모여 팀을 만들라고 하시며
지도와 나침반을 하나씩 주셨어.
"자, 우리 동쪽 오두막에서 만나자!"
하고는 선생님은 다시 버스를 타고
가 버리시는 거야.
우리의 점심 도시락을 몽땅 가지고 말이지.
지도를 잘 보니 힌트가 있었어.
'나침반의 빨간 바늘이 가리키는 곳이 북쪽'
아니, 우리가 가야 할 곳은 동쪽인데?
북쪽을 가리키면 어떡하라는 거야?

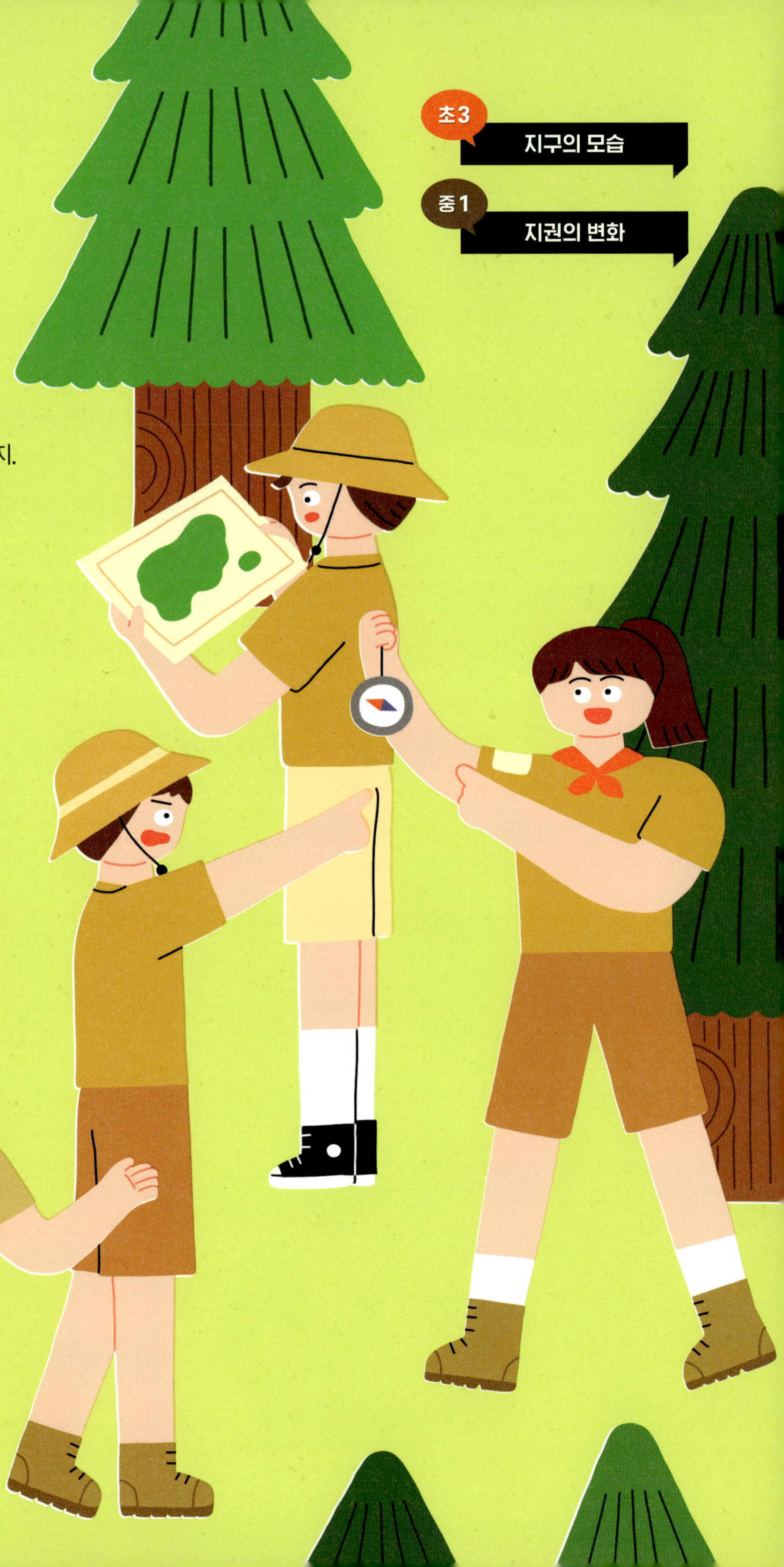

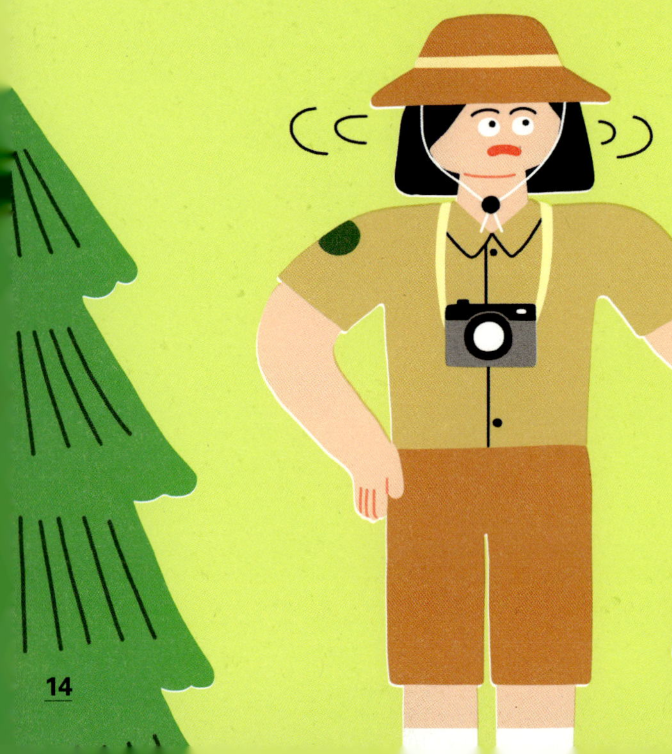

나침반으로 방향을 찾아봐

나침반은 동서남북이 표시된 동그란 판 위에 흔들거리는 길쭉한 바늘을 얹어서 만든 도구야.
바늘의 한쪽 끝은 빨간색으로 표시되어 있는데, 바로 이것이 가리키는 방향이 북쪽이지.
나침반을 아무리 흔들고 이리저리 돌려도 나침반 바늘이 가리키는 방향은 일정해.
만약 달라진다면 나침반이 고장 난 거야.
이제 빨간 바늘 끝이 '북(N, North)' 글자와 만나도록 나침반을 돌려.
그럼 이제 동서남북을 모두 알 수 있게 된 거지!

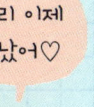

요리조리 실험실 나침반 바늘을 따라 자석이 움직여!

나침반의 빨간 바늘의 끝은 N극인 자석이야. N극과 S극이 표시된 자석을
나침반에 가까이 가져가면 바늘이 자석을 따라 움직이는 것을 볼 수 있어.

지구가 자석이란 말이야?

맞아. 그래서 지구 어디를 가도 나침반 바늘의 N극은 항상 지구의 북쪽을 가리키지.
그렇다면 지구의 북극은 무슨 극일까?
나침반의 N극을 끌어당기는 S극이야. 반대로 지구의 남극은 N극이지.
자석 주위에서 자석의 힘이 미치는 공간을 **자기장**이라고 해.
막대자석처럼 지구 주위에도 자기장이 형성되어 있지.
태양에서부터 오는 위험한 고에너지 입자들을 막아 주고 있어.
하지만 자기장 선이 모이는 남극과 북극 근처에서는 고에너지 입자가 지구 대기까지 내려올 수 있어.
이때 공기 분자들과 충돌해서 화려한 빛을 내는데, 이 현상을 **오로라**라고 해.
낮에는 태양이 너무 밝아서 안 보이고, 밤에만 보여.

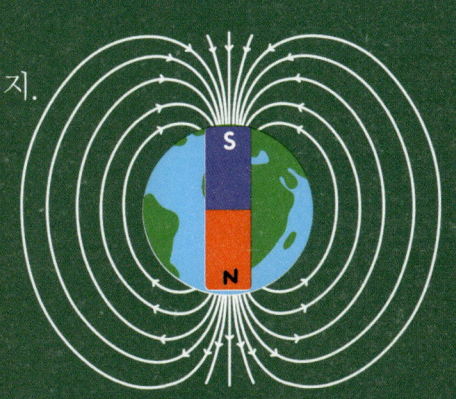

지구 내부에 액체인 곳이 있어

지구가 자석이라면서, 주변에 있는 흙이나 바위에 아무리 자석을 가까이해도 반응이 없다고?
그건 지구 표면이 아니라 철이 모여 있는 내부에서 만들어지는 힘이라서 그래.
철이 아주 많은 액체 상태의 외핵이 회전하면서 **지구 자기장**이 만들어졌거든.

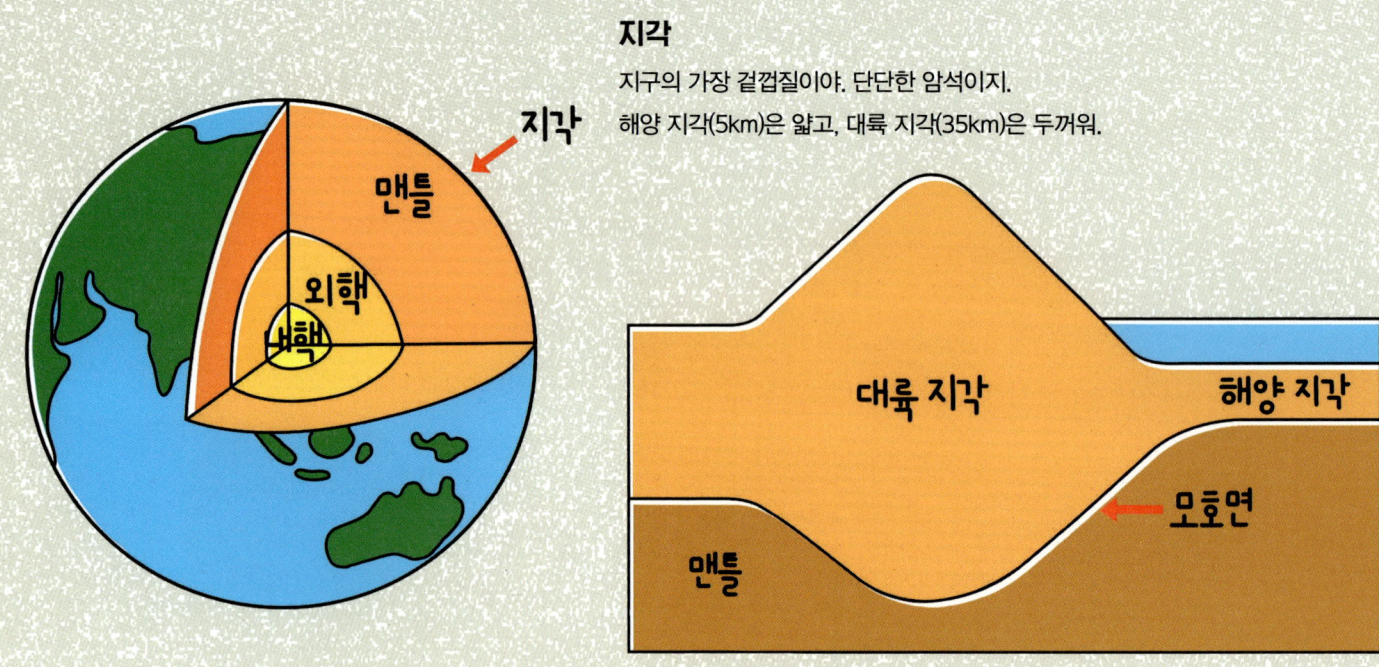

지각
지구의 가장 겉껍질이야. 단단한 암석이지.
해양 지각(5km)은 얇고, 대륙 지각(35km)은 두꺼워.

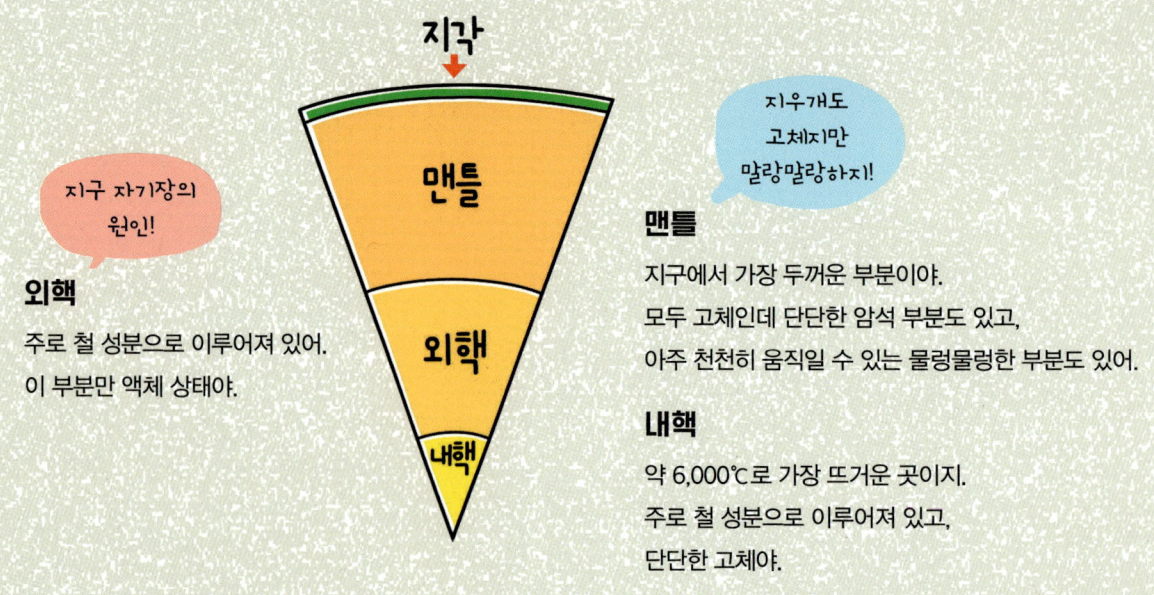

지구 자기장의 원인!

지우개도 고체지만 말랑말랑하지!

외핵
주로 철 성분으로 이루어져 있어.
이 부분만 액체 상태야.

맨틀
지구에서 가장 두꺼운 부분이야.
모두 고체인데 단단한 암석 부분도 있고,
아주 천천히 움직일 수 있는 물렁물렁한 부분도 있어.

내핵
약 6,000℃로 가장 뜨거운 곳이지.
주로 철 성분으로 이루어져 있고,
단단한 고체야.

키노트

지구의 내부는 안쪽에서부터 내핵, 외핵, 맨틀, 지각이라는 네 개의 층으로 나눌 수 있어. 그중 액체 상태인 외핵의 움직임으로 지구는 마치 커다란 자석처럼 자기장을 가지게 되었지. 지구의 북극에 S극이 형성되어 있어서 나침반의 N극은 항상 북쪽을 향하고 있어.

미니퀴즈 궁금증 더하기

다른 행성에도 자기장이 있을까?

행성의 자기장은 태양에서 오는 고에너지 입자를 막아 줘.
생물이 안전하게 살기 위해서는 꼭 필요한 장치야.
태양계 행성 중 자기장이 가장 작은 행성과 가장 큰 행성을 찾아봐.

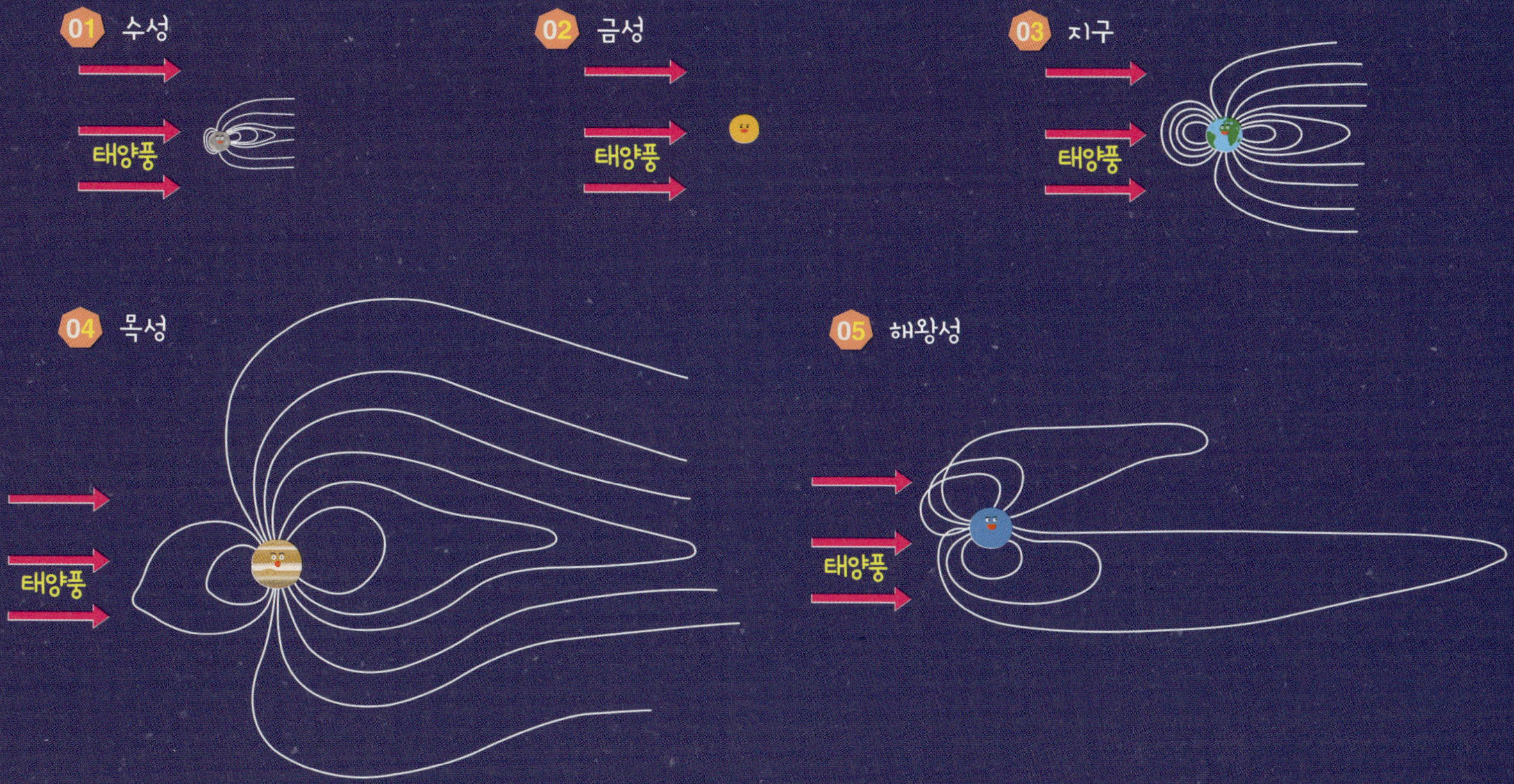

01 수성   태양풍
02 금성   태양풍
03 지구   태양풍
04 목성   태양풍
05 해왕성   태양풍

정답 · 02, 04

자기장이 가장 작은 행성은 금성이야. 지구 자기장 세기의 2만 분의 1 정도의 자기장이니까 거의 없는 셈이지.
자기장이 가장 큰 행성은 목성이야. 지구보다 2만 배 강한 자기장이 있어.

다이아몬드는 왜 비싼 거야?

초3 지구의 모습
중1 지권의 변화

고모가 다음 달에 결혼해.
결혼반지를 사러 가는데 나도 따라갔어.
진짜 보석을 파는 가게에 들어가 본 건 처음이야.
금, 다이아몬드, 루비, 에메랄드로 만든
목걸이, 귀걸이, 반지가 정말 예쁘더라고.
사실 문구점에 있는 천 원짜리 보석 반지랑
비슷한 거 같기도 해.
그런데 그건 가짜 보석이고,
여기에 있는 건 다 진짜 보석이라서
엄청나게 비싸대.
진짜 보석과 가짜 보석의 다른 점은 무엇일까?

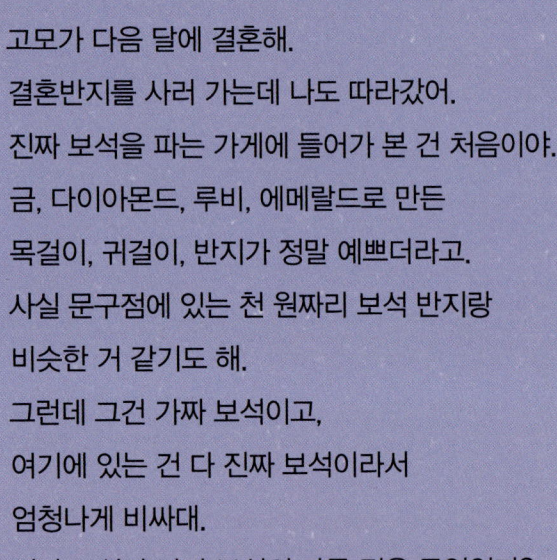

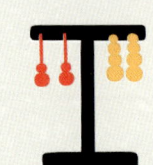

다이아몬드는 광물!

광물은 한 가지 이상의 원자들이 일정한 규칙으로 연결된 물질이야.
지구에는 4,000여 종류의 광물이 있는데, 주변에 있는 암석들을 구성하는
광물들은 30가지 정도야. 반짝반짝 빛나는 다이아몬드도 광물의 하나이지.
어떤 종류의 원자가 어떤 규칙으로 연결되었느냐에 따라 다른 광물이 돼.
원자는 물체를 쪼개고 또 쪼갰을 때 나타나는 아주 작은 알갱이야.
까만 흑연과 투명한 다이아몬드는 둘 다 탄소 원자만으로 만들어졌지만,
성질이 완전히 달라.

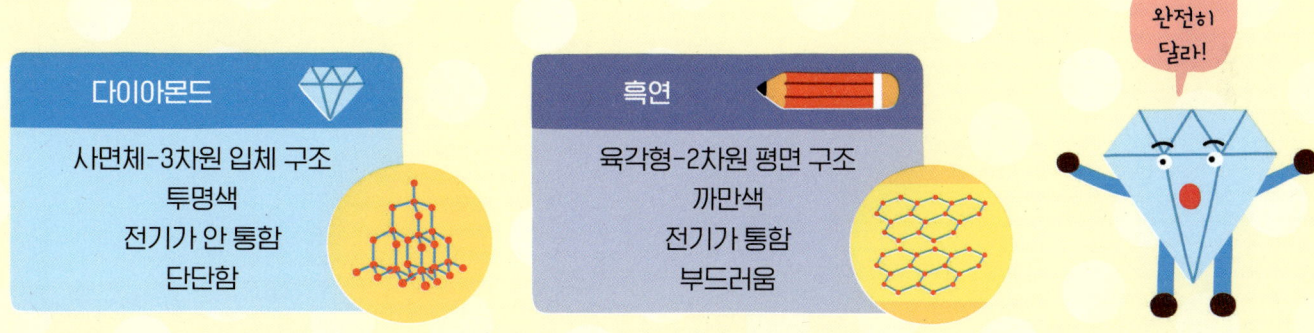

광물은 저마다 독특해

광물은 생긴 모양이 다양해. 그래서 겉보기색, 조흔색, 굳기, 자성 등을 조사해서 특징을 구분하지.
가장 쉽게 관찰할 수 있는 특징은 **겉보기색**이야. 흰색, 검은색, 투명색, 금색 등 다양해.
겉보기색이 비슷하다면 두 번째로 비교해 볼 것은 **조흔색**이야.
조흔색은 한 번 구운 도자기판(조흔판)에 긁었을 때 나온 광물 가루의 색이야.
굳기는 광물이 얼마나 무르고 단단한가를 알려 줘. 세상에서 가장 단단한 광물이 다이아몬드야.
자석처럼 클립을 끌어당기는 **자성**을 가진 광물도 있어.

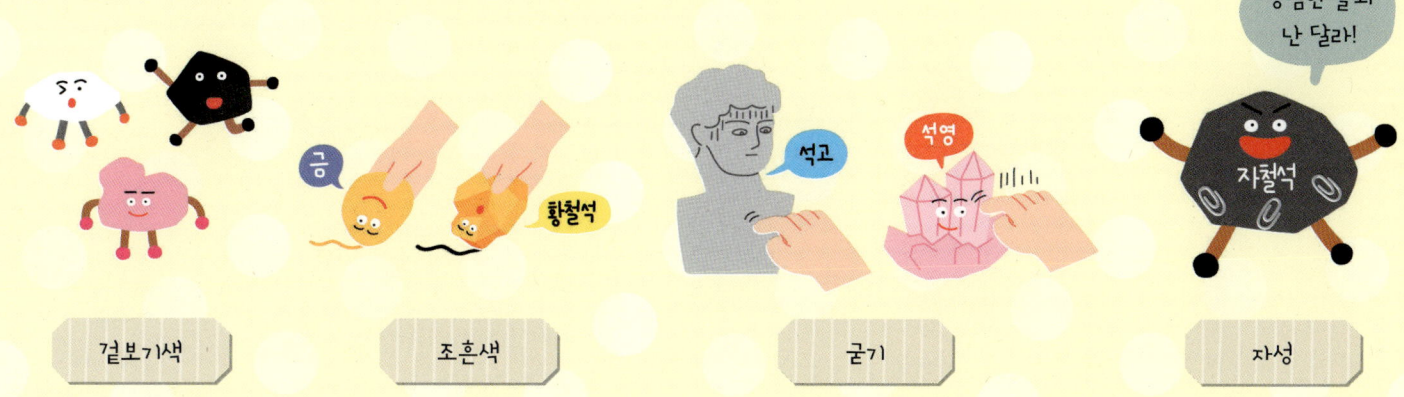

가장 예쁜 광물, 보석

광물들은 깊은 땅속에서 만들어지는데, 대개 여러 종류의 광물들이
한꺼번에 만들어지기 때문에 모래나 진흙 알갱이 정도로 작아.
그냥 암석 속 알갱이일 뿐이지.
하지만 동굴 같은 빈 공간이나 아주 높은 열과 압력을 받는
환경 속에서 광물 특유의 색과 모양을 만들며
천천히 성장한 광물을 **보석**이라고 해.
다이아몬드는 지하 150km 속에서 최소 10억 년 전에 만들어진 거야.
오랜 세월 동안 천천히 지표 가까이로 올라와서 발견되는 거지.
좋은 보석은 결정이 크고 단단하며, 흠집이 없고 색이 선명해.

가짜 보석 vs 진짜 보석

보석은 땅속 특별한 환경에서 오랜 시간 동안 만들어지니까
양이 적을 수밖에 없어. 그래서 비싼 거야.
하지만 이제 공장에서 필요한 원소를 넣고 높은 열과 압력을 가하면
인조 보석을 얼마든지 만들 수 있어.
흔히 '큐빅'이라고 부르는 것들이 대표적인 인조 보석이야.
잘 가공하면 진짜 보석처럼 반짝이지만, 굳기가 약하기 때문에
시간이 지나 여기저기 긁히면 금세 반짝임이 줄어든다는 차이점이 있지.

우리가 사용하는 모든 물건은 광물로 만들어

규소
영어로 '실리카(Silicon)'라고 해. 미국 캘리포니아주에 있는 첨단 산업 단지를 '실리콘 밸리'라고 부르는 이유는 규소가 바로 반도체의 주성분이기 때문이지.

 키노트

광물은 자연적으로 한 가지 이상의 원자들이 일정한 규칙을 가지고 결합해서 만들어진 물질이야. 광물마다 색, 조흔색, 굳기, 광택 등 독특한 성질을 가지고 있지. 이 중에서 희귀하고 반짝이며 예쁜 색을 가진 광물들을 보석이라고 해. 우리는 수천 가지의 광물들 덕분에 생활에 꼭 필요한 물건들을 만들 수 있지.

미니퀴즈 궁금증 더하기

지각을 구성하는 원소 중 가장 많은 것은?

지구의 가장 바깥층인 지각에는 92가지의 원소가 모두 들어 있어.
하지만 단 2가지 원소가 지각 전체 질량의 74%를 차지하고 있지.
가장 많은 원소와 그 다음 많은 원소는 무엇일까?

01 산소 O — 46.1%
02 규소 Si — 28.2%
03 알루미늄 Al — 8.2%
04 철 Fe — 5.6%

정답 · 01, 02

1등은 산소(46.1%), 2등은 규소(28.2%)야.
산소는 대기 중에만 있는 줄 알았다고? 땅속에는 대기보다 더 많은 산소 원자들이 들어 있어.
많은 순서대로 '산소 > 규소 > 알루미늄 > 철 > 칼슘 > 나트륨 > 칼륨 > 마그네슘'을 지각의 8대 구성 원소라고 해.

물이 동굴을 만들었다고?

| 초3 | 지표의 변화 |
| 중1 | 지권의 변화 |

단양에 있는 석회 동굴에 놀러 갔어.
유명한 관광지라더니 정말 사람이 많았지.
어둡고 으스스한 동굴이 뭐가 재미있는 걸까.
가족 여행이니까 할 수 없이 따라갔지.
하지만 입구를 지나 조금 더 들어가자마자
나도 모르게 탄성이 나왔어.
벽에는 돌로 만든 층층 폭포가 있고,
천장에는 거대한 돌고드름과 돌 커튼이
매달려 있고, 바닥에도 삐죽 솟은 돌기둥과
돌 선반이 가득했어.
누군지 몰라도 정말 대단한 조각가라고 생각했지.
그런데 이 동굴을 사람이 아니라 지하수가
만들었다는 거야!
물이 어떻게 딱딱한 땅속에 구멍을 뚫은 거지?

아름다운 석회 동굴은 지하수의 작품!

석회암으로 만들어진 석회 동굴은 사실 구멍 수준이 아니라 아주 거대한 공간이지.
구불구불하고 위아래로 발달되어 있어서 3층 높이를 계단으로 오르락내리락하면서
관람하게 되어 있어. 마치 찰흙으로 빚어 놓은 듯한 독특하고 아름다운 구조물들이 가득해.
석회암의 주성분인 탄산 칼슘은 이산화 탄소가 녹아 있는 물에 녹는 성질이 있어.

요리조리 실험실 분필을 녹여라!

1 컵 두 개를 준비해. 하나에는 물을 담고, 다른 하나에는 탄산음료를 넣어. 두 컵에 같은 크기의 분필 조각을 넣어 봐.

2 탄산음료 속 분필이 녹아서 작아져. 분필은 석회암과 같은 성분으로 되어 있고, 탄산음료는 이산화탄소가 녹은 물이야.

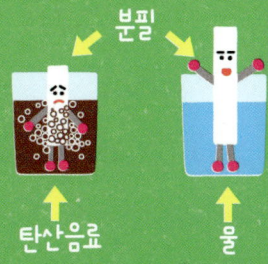

빗물에는 공기 중에 있던 이산화 탄소가 녹아 있어.
지하수에는 땅속 미생물들이 숨을 쉬면서 내뿜은 이산화 탄소가 녹아 있지.
이 빗물과 지하수가 땅속의 거대한 석회암 속으로 스며들어서
수십만 년에서 수천만 년 동안 천천히 석회암이 녹은 거야.
그러다 동굴 안에 물이 고이거나 움직임이 느려지면 물속에 녹아 있던 탄산 칼슘이
다시 가라앉아 종유석, 석순 같은 멋진 구조물이 만들어져.

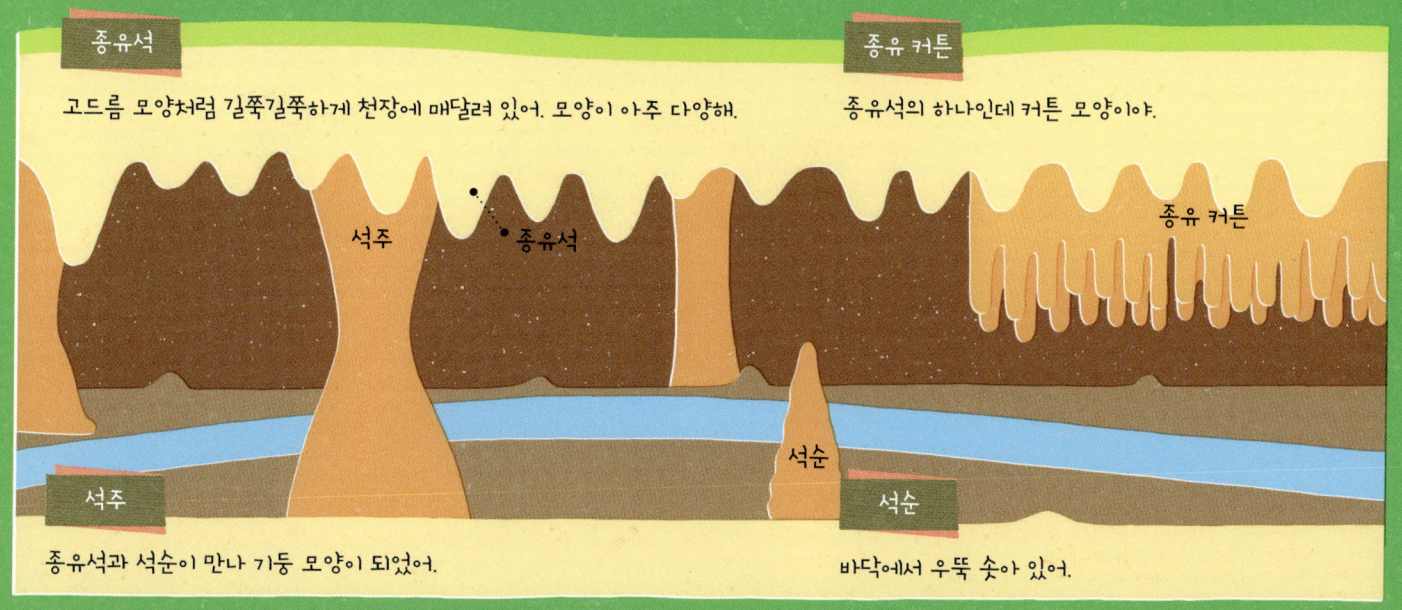

종유석 고드름 모양처럼 길쭉길쭉하게 천장에 매달려 있어. 모양이 아주 다양해.

종유 커튼 종유석의 하나인데 커튼 모양이야.

석주 종유석과 석순이 만나 기둥 모양이 되었어.

석순 바닥에서 우뚝 솟아 있어.

거대한 바위는 흙으로 만들어져

물에 녹는 석회암뿐 아니라 아무리 단단하고 커다란 바위라도 오랜 시간 동안 햇빛, 공기, 물,
생물을 만나면 색이 변하고 갈라지거나 부서져. 속도가 다른 것뿐이지.
이렇게 바윗돌이 돌덩이가 되고, 돌덩이가 돌멩이가 되고, 돌멩이가 모래알이 되는 현상을 **풍화**라고 해.
풍화는 정말 오랜 시간 동안 일어나. 흙 1cm가 만들어지기 위해서는 수백 년이 걸려.
풍화가 없었다면 지구상에 생명도 살 수 없었을 거야.
지구 표면은 모두 거대한 암석들로 덮여 있고, 흙이 없었을 테니까.
우리가 집을 짓는 땅, 나무가 우거진 숲, 먹을거리를 키우는 논과 밭,
두더지와 토끼의 집, 조개와 낙지의 집은 모두 흙이 있어서 가능해.
모래사장 없는 해수욕장이라니! 상상하기도 싫어.

햇빛
햇빛이 쨍쨍 내리쬐면 뜨거워진 물체의 부피가 늘어나고, 햇빛이 약한 추운 겨울에는 부피가 줄어들면서 바위 표면이 벗겨져.

공기
거센 바람을 타고 날아온 모래가 바위 표면을 깎아. 산소는 바위 속 성분들과 반응해서 약한 성분으로 변화시키지. 철이 녹스는 것도 풍화야.

중력
아무리 큰 바위라도 절벽 아래로 떨어지면 와장창 부서지지. 산을 깎아 만든 도로에선 '낙석 주의'라는 표지판을 볼 수 있어. 조심해!

물
갈라진 바위 틈새에 들어간 물이 얼면 부피가 늘어나면서 바위 틈을 더 크게 벌려. 이산화 탄소가 녹은 물은 석회암을 녹이지.

생물
동물의 똥이나 이끼들 속에 있는 화학 성분이나 미생물이 바위의 색을 변하게 하고 약하게 만들지. 바위 틈새에서 싹의 틔운 식물의 뿌리는 무서운 힘으로 바위를 쪼개기도 해.

흙을 지키자!

사람들의 활동으로 소중한 흙이 점점 없어지고 있어.

도시가 커지면서 아스팔트로 흙을 덮어 버리기도 하고, 주택 단지를 짓기 위해 땅을 깎아.

땅속에 있는 구리, 아연, 금 등 자원을 캐기 위해 거대한 동굴을 뚫기도 하지.

하지만 넘쳐 나는 쓰레기를 땅속에 묻어 버리고, 땅을 넓히기 위해 육지의 산과 땅을 깎아서 생긴 부스러기를 부어 바닷가의 갯벌을 매립하기도 해.

농사를 지을 때 화학 비료나 농약을 많이 쓰면 토양이 오염돼.

흙은 그냥 땅이 아니야. 우리의 삶과 연결된 생태계의 일부라고 할 수 있어.

흙을 소중히 여기는 마음을 갖고 흙을 괴롭히지 않도록 눈을 부릅뜨고 지켜보자고!

키노트

풍화란 바위가 물, 햇빛, 바람 때문에 갈라지고 부서지는 현상이야.
석회암이 물에 의해 풍화되면 석회동굴이 만들어져. 풍화가 일어나야 흙이 만들어지지.
지표면에 흙이 쌓인 덕분에 식물이 뿌리를 내리고 풍요로운 생태계가 만들어질 수 있어.

미니퀴즈 궁금증 더하기

흙이 사라진다면, 어떤 일이 일어날까?

매일 흙을 밟고 다니고 흙은 어디에나 있으니까 흙에 대해서 깊이 생각해 본 적이 없을 거야. 흙이 없다면 어떻게 될까?

01 죽은 동물과 식물들이 여기저기 쌓여 있겠지. **02** 대부분의 식물이 함께 사라지겠지. **03** 모든 생물이 물 부족에 시달리겠지.

정답 · 01, 02, 03

흙 속에 사는 셀 수 없이 많은 미생물과 곤충이 죽은 동식물을 분해해.
흙이 식물의 뿌리를 지탱해 줘. 흙이 없다면 식물이 살기 어렵지.
흙은 물을 담고 있는 그릇 역할을 해. 그래서 비가 온 후에 돌은 금방 마르지만, 흙 속은 한참 동안 촉촉하지.

절벽을 장식하는 줄무늬의 정체!

초4 지층과 화석
중1 지권의 변화

온 가족이 함께 채석강으로 놀러 갔어.
이름을 듣고 강인 줄 알았는데,
바다라서 뭔가 속은 기분이 들었지.
어쨌든 물놀이만 하면 되니까 괜찮아.
이곳 절벽이 진짜 멋있어서 보자마자 마음에 들었어.
마치 셀 수 없이 많은 책을 쌓아 놓은 것 같았지.
어떻게 딱딱한 돌이 층층으로 쌓인 걸까?
맨 아래층은 무려 1억 년 전에 만들어졌다지 뭐야!
잠깐, 1억 년 전이면, 공룡이 살았을 때 아니야?
설마 여기서 공룡들도 해수욕을 즐겼던 걸까?

출출한데 샌드위치를 만들어 볼까?

채석강 절벽을 보니까 생각나는 음식이 있어. 바로 샌드위치야.
샌드위치를 같이 만들어 볼까?

요리조리 실험실 | 샌드위치 만들기!

① 식빵 2장, 얇게 썬 토마토, 살짝 구운 양파, 상추, 슬라이스 햄, 치즈, 버터, 잼을 준비해.

② 빵의 한쪽 면에 버터를 바르고, 그 위에 햄, 얇게 썬 토마토, 상추, 살짝 구운 양파, 치즈를 차례대로 얹어. 그리고 다른 한쪽 면에 잼을 바른 빵을 얹어.

③ 완성된 샌드위치를 먹기 좋게 반으로 자르면 층층 샌드위치 완성!

지층은 어떻게 만들어질까?

샌드위치의 단면이 지층을 닮았어.
강이나 바다, 산에 가면 여러 가지 재료를 쌓아 만든 샌드위치의 단면처럼
여러 종류의 돌이 층층이 쌓여 있는 절벽의 단면을 볼 수 있어.
암석의 여러 층을 **지층**이라고 해.

27

1 침식이 일어나

풍화가 일어나 부스러진 암석 조각들은 제자리에 가만히 있을 수가 없어.
끊임없이 부는 비바람에 휩쓸려서 어디론가 가 버리지.
이렇게 돌이나 흙이 깎이고 쓸려 나가 없어지는 현상을 **침식**이라고 해.
산에 가면 물이 흐르는 계곡은 주변보다 낮은 곳에 있어.
처음 산이 만들어졌을 때는 그 계곡이 없었을 거야.
비가 내리고 바람이 불 때, 주변보다 약한 암석부터 부스러지기 시작하고,
한번 갈라지기 시작한 부분은 집중 공격을 당해 더 빠르게 풍화되지.
풍화된 부분으로 계속 물이 흐르면서 침식된 것이 지금의 계곡인 거야.
비가 너무 많이 오면 와르르 무너져 내리는 산사태도 일어나.

2 퇴적이 일어나

흐르는 물에 휩쓸린 돌멩이, 모래알, 흙 알갱이는 어디로 가는 걸까?
물을 따라 점점 낮은 곳으로 멀리 이동해.
모든 강물은 어디를 향해서 흐를까? 맞아. 바다야.
바다를 향해 이동하면서 각진 돌멩이는 부딪히고 깨져서 둥글둥글해지고,
더 많은 모래알과 흙 알갱이가 만들어져.
그래서 산의 계곡에 있는 돌들은 큼직하고 모서리가 있지만,
강의 중류나 하류, 바닷가에 있는 돌들은 둥글둥글한 거야.
오랫동안 더 많이 침식됐으니까.
물살이 약하고 천천히 흐르는 지점에 이르면 알갱이들이 바닥에 쌓이는데,
이것을 **퇴적**이라고 해.
쌓인 자갈, 모래, 흙을 **퇴적물**이라고 하지.
강가나 바닷가에 만들어진 모래사장들은 모두 퇴적으로 만들어진 거야.

3 굳어지고 단단해져

강과 호수, 바다 밑바닥에는 끊임없이 퇴적물들이 쌓이고, 또 쌓여.
먼저 도착한 퇴적물은 아래에 있고, 그 위에는 나중에 도착한 퇴적물이 쌓인 거야.
주변 환경에 따라 퇴적물들의 알갱이 크기, 색, 성분이 달라지기 때문에 층이 구분되지.
그런데 자꾸 위에 쌓이면 아래에 있는 퇴적물들은 너무 무겁겠지?
오랜 세월 동안 단단하게 다져지고, 눌리고, 물속에 녹아 있는
화학 성분들이 풀처럼 알갱이들을 딱 붙여 굳어지면 단단한
암석 지층이 되는 거야. 여기서 말하는 오랜 세월이란
적어도 수십만 년에서 수억 년 정도를 말해.

요리조리 실험실 간단하게 지층을 만들어 볼까?

① 페트병에 물을 2/3 정도 채워. 산이나 텃밭에 있는 흙을 종이컵으로 두 컵 정도 넣고, 마구 흔드는 거야.
마치 힘차게 흘러가는 계곡의 물살처럼 말이지. 그리고 바닥에 가만히 두는 거야. 그럼 어떻게 될까?

② 큰 돌멩이들이 가장 먼저 가라앉아. 그다음은 작은 돌멩이들이 가라앉고, 모래알, 흙, 아주 고운 진흙이 차례대로 쌓여.
그래도 아직 물이 뿌연 것이 무언가 더 물속에 남아 있지.
밀가루만큼 작은 알갱이들까지 가라앉히려면 정말 오래 기다려야 될걸.

지층을 관찰할 때 알갱이의 크기를 보면 각 층이 만들어질 때의 환경을 알 수 있어.
크기가 큰 퇴적물은 물살이 느려지자마자 금방 얕은 곳에 퇴적되고,
알아보기 어려울 정도로 크기가 작은 퇴적물은 물속을 오랫동안 떠다니다가
아주 천천히 내려가 깊은 바닷속에 퇴적되지.
그래서 퇴적물의 크기로 지층이 만들어질 당시의 물의 깊이를 추측해 볼 수 있는 거야.

 풍화된 암석 부스러기들은 바람과 물에 의해 침식되어 낮은 곳으로 계속 운반돼. 바람과 물의 흐름이 약해지면 그곳에 퇴적물이 쌓여. 주로 강의 하류나 바닷속에 퇴적되지. 지층은 모양, 크기, 색이 다른 퇴적물이 층층이 쌓여 만들어진 암석층이야.

미니퀴즈 궁금증 더하기
지층이 어떻게 절벽이 되었을까?

지층은 물속에 퇴적물이 쌓여서 만들어진 것이야.
그런데 지층이 어떻게 높은 산과 절벽이 된 걸까?

01 바닷물이 예전에는 더 많았었는데, 줄어든 거야.

02 바닷속에 있던 땅이 쑤욱 솟은 거야.

03 땅 위에 퇴적물이 쌓여 지층이 만들어진 거야.

정답 · 02

지구의 내부는 끊임없이 움직이고 있어. 맨틀이 움직이고, 그 위에 있는 지각도 따라 움직이지.
오랜 세월 동안 땅의 일부가 올라오기도 하고, 내려가기도 하면서 높은 산과 복잡한 해안선이 만들어지는 거야.
수백만 년에서 수억 년에 걸쳐 일어나는 땅의 변화를 지각변동이라고 해.
땅 위에 퇴적물이 쌓인 거 아니냐고? 땅 위에 쌓이고 또 쌓이기 전에 깎이고 또 깎이고 말 거야.

히말라야산맥에서 어떻게 소금이 나와?

| 초4 | 화산과 지진 |
| 중1 | 지권의 변화 |

치약이 다 떨어져서 마트로 사러 갔어.
처음 보는 치약이 눈에 띄더라고.
치약인데 포장에 히말라야산맥이 그려져 있었거든.
히말라야에서 나온 분홍 소금을 넣었대.
분홍색 소금은 좀 맛있으려나?
한번 써 보기로 했어.
마트에 온 김에 그냥 갈 수 없지.
과자 판매대를 한 번 훑어봐야 하지 않겠어?
거기에는 히말라야 분홍 소금을 넣은
과자가 있는 거야!
소금은 원래 염전에서 바닷물을
증발시켜서 만드는 거라고 배웠는데,
히말라야는 산이잖아.
그것도 세계에서 제일 높은 산!
어떻게 그렇게 소금이 많은 거야?

히말라야가 옛날에는 바다였대

소금에는 우리 몸에 꼭 필요한 나트륨이 들어 있어.
고대 로마 시대에는 군인들 월급의 일부를 소금으로 줬대.
소금은 바닷가에서만 얻을 수 있고, 그 당시에는 생산량도 적어서
소금 가격이 금이랑 비슷했거든.
교통수단이 발달하지 못했던 고대에는 내륙까지 소금을 운반하기가
어려워서 비쌌던 거지. 그런데 보통 사람들은 올라가기도 힘든 고산 지대인
히말라야에 소금 광산이 있다니! 그건 바로 히말라야가 바다 밑에 있던 땅이었기 때문이야.

바다가 어떻게 육지가 될까?

지금 이 순간에도 땅은 움직이고 있어.
1912년, 베게너라는 과학자가 처음으로 '대륙이 움직여.'라고 주장했을 때
대부분의 과학자는 코웃음을 치면서 무시했어.
하지만 베게너는 평생 대륙 이동을 증명할 수 있는 증거들을 찾아다녔어.
이후 탐사 장비와 암석 분석 기술이 발달하면서 베게너의 주장대로
대륙들 뿐 아니라 지구 표면 전체가 움직인다는 것을 밝혀냈지.
지구 표면을 덮고 있는 딱딱한 부분인 지각과 맨틀 윗부분을 합쳐서 **판**이라고 불러.
판은 10여 개의 크고 작은 조각으로 나누어져 있지. 마치 퍼즐처럼 말이야.
대륙 지각이 포함된 **대륙판**, 해양 지각이 포함된 **해양판**들이 끊임없이 움직이는 중이지.

크고 무거운 판이 어떻게 움직일까?

판 아래에 있는 맨틀은 부드러운 고체라서 움직일 수 있거든.
핵 근처에서 뜨거워진 맨틀은 위로 올라오고,
지구 표면과 가까워서 식은 맨틀은 가라앉는 일이 계속 일어나.
맨틀의 움직임을 따라 그 위에 붙어 있는 판들이 움직이는 거야.
판과 판은 서로 부딪혀서 밀어내기도 하고, 점점 멀어지면서 찢어지기도 하지.

인도판이 올라와 유라시아판으로 붙었어

원래 **인도판**과 **유라시아판** 사이에는 수천 km 넓이의 바다가 있었어.
그런데 맨틀의 움직임 때문에 인도판이 서서히 올라와서 유라시아판과 만난 거야.
그 사이에 있던 해양판은 유라시아판 밑으로 들어가 버리고,
바다 밑에 쌓여 있던 퇴적물들은 두 판 사이에서 구겨지듯이 위로 올라온 거지.
인도판이 5,000만 년 동안 계속 밀어 올려서 아주 높은 히말라야산맥이 만들어졌어.
인도판은 아직도 같은 방향으로 계속 움직이고 있대. 히말라야산맥이 계속 높아지겠지?
지금은 인공위성으로 판의 움직이는 방향과 속도를 알 수 있어.
빠른 판은 1년에 10cm를 넘을 때도 있고,
느린 판은 1년에 2~3cm 정도 움직여.
이러니 움직임을 느낄 수가 없지.

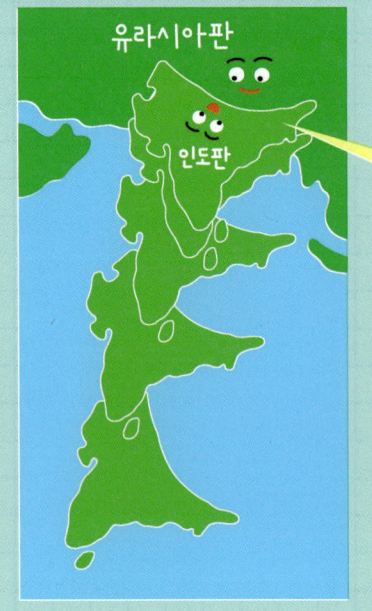
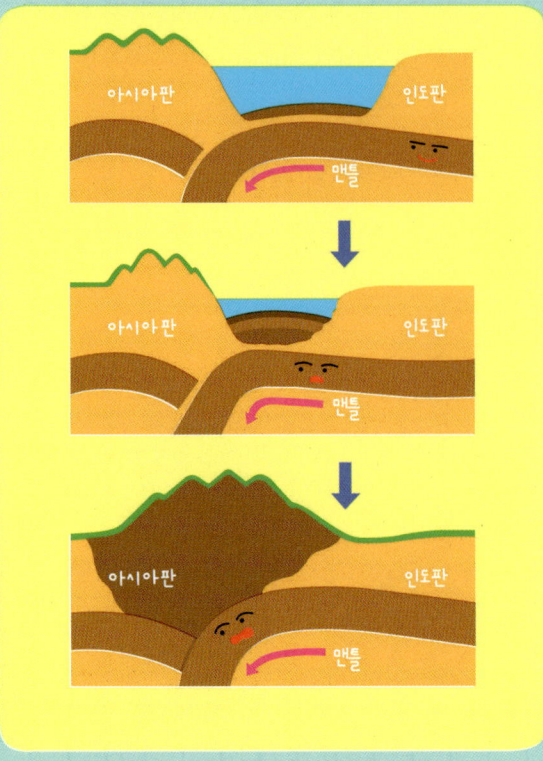

히말라야산맥이 바다였다는 증거!

히말라야산맥에서는 공룡들과 함께 살던 바다 생물의 화석이 많이 발견 돼.
그리고 소금 덩어리도 있잖아!
지구 내부의 엄청난 힘을 받아서 돌처럼 덩어리로 굳어진 소금이지만,
부수어서 먹으면 되지. 하얀 소금도 있고 핑크 소금도 있어.
하얀 소금은 평범한 소금이고, 핑크 소금은 주변 암석들에 있던
철 성분이 스며들어서 핑크색이 된 거야.

두 번째 증거는 소금이야!

증거 하나, 암모나이트 발견!

판과 판 사이에서 난리가 나

맨틀의 움직임과 **판 운동** 때문에 생기는 지구 내부의 힘은 아주 느리지만, 굉장히 세.
지층을 관찰하면 휘어지거나 끊어진 지층이 있을 거야.
무슨 찰흙도 아니고, 딱딱한 암석을 이렇게 만들다니!
문제는 이럴 때 땅이 흔들린다는 거야.
지구 내부의 힘을 버틸 만큼 버티다가 '뚝!' 하고 부러지는 그 순간 **지진**이 일어나.

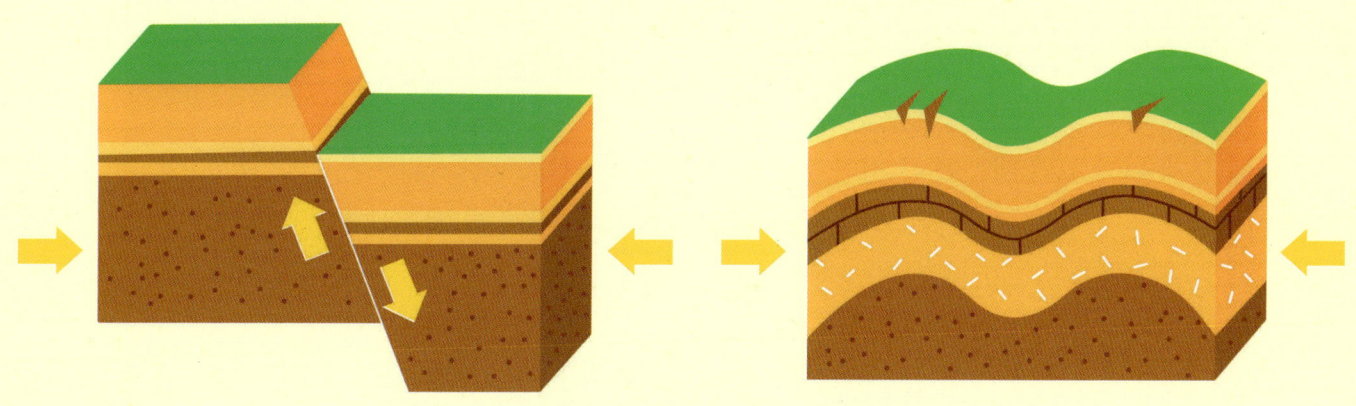

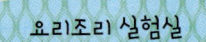 **요리조리 실험실** 지진이 일어나는 원리를 알아보자.

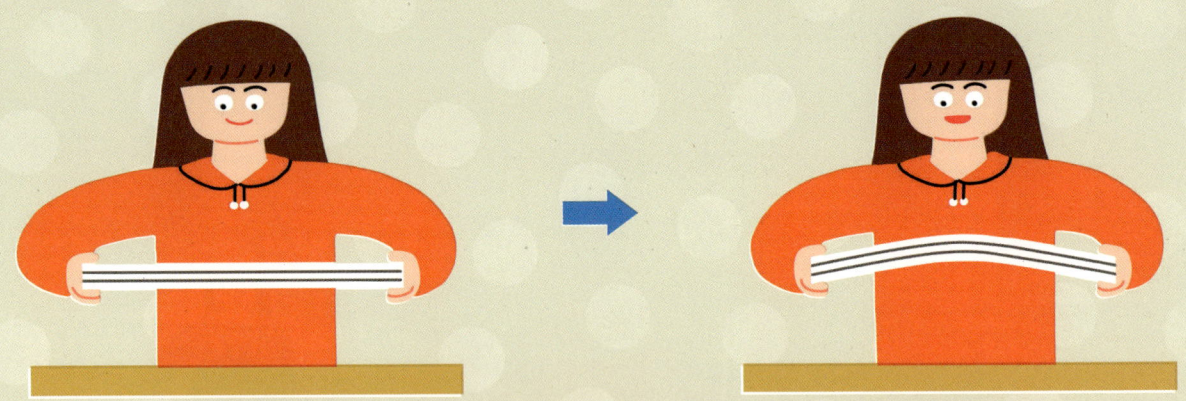

얇은 스티로폼 판(우드락) 조각의 양 끝을 잡고 힘을 주어 아주 천천히 구부려 봐.

반 가른 오이나 당근 스틱으로도 해 볼 수 있어.

구부려지다가 어느 순간 갑자기 '뚝' 하고 부러지면서 손에 그 흔들림이 전달될 거야. 그게 바로 지진이지!

지진은 판과 판 사이 지역에서 자주 일어나.
우리나라는 판의 경계에서 조금 떨어져 있어서 약한 지진이 일어나지만,
일본은 판의 경계 위에 있기 때문에 큰 지진이 자주 일어나는 거야.
전 세계 어디서든 큰 지진이 일어났다는 소식이 들려오면 판 구조 지도를 확인해 봐!
십중팔구 판의 경계 지역일 테니까.

키노트

지구의 표면을 덮고 있는 딱딱한 부분은 마치 퍼즐처럼 크고 작은 10여 개의 판으로 나뉘어 있어. 판 아래에 있는 맨틀의 흐름 때문에 판은 천천히 움직이고, 판과 판이 서로 밀면서 바다 밑에 있던 땅이 솟아올라 산이 되기도 해. 엄청난 힘이 계속 작용하는 판과 판 사이에서는 지진이 자주 일어나.

미니퀴즈 궁금증 더하기

지진이 일어나면 어떻게 해야 할까?

아직 지진을 정확하게 예측하는 것은 불가능해. 언제 어디서 갑자기 일어날지 몰라. 그래서 당황하지 않도록 평소에 훈련해야 하지.

1. 책상 밑으로 들어가 머리를 감싼다.
2. 재난 방송을 잘 듣는다.
3. 가스를 잠그고 문을 열어 둔다.
4. 평소 알아 둔 대피 장소로 간다.

정답 · 01, 02, 03, 04

지진이 발생했을 때는 바로 식탁이나 책상 밑으로 들어가 머리를 보호해. 진동은 1분 내외니까 잠깐만 기다려. 진동이 멈추면 재난 안내 방송을 켜고, 가스와 전기는 모두 끄고, 방문과 현관문을 열어. 집 안의 물건이 떨어지고 벽에 금이 갈 정도로 흔들림이 심했다면 빨리 계단을 이용해서 평소에 알아 둔 대피 장소로 가야 해.

백두산이 폭발한다면?

초4 화산과 지진
중1 지권의 변화

얼마 전에 엄마 아빠랑 영화를 보러 갔어.
무슨 영화인지도 모르고 그냥 따라갔는데,
백두산에 대한 영화라는 거야. 등산하는 영화인가?
재미없을 것 같은데 괜히 왔다 싶었지.
그런데 글쎄, 백두산이 폭발하는 영화더라고.
백두산이 화산이었다는 사실도 이번에 처음
알았다니까. 화산 폭발은 일본이나 하와이에서만
일어나는 줄 알았는데,
우리나라에도 화산이 있었다니!
온 세상이 회색 연기로 둘러싸이고,
건물도 다 무너지고, 사람들도 많이 죽었어.
백두산이 진짜 폭발할 수도 있는 걸까?
그냥 영화일 뿐이겠지?

화산이 뭐야?

불 화(火), 산 산(山).

화산은 뜨거운 것이 뿜어져 나오는 '불의 산'이라는 뜻이야.

땅속 깊은 곳은 암석이 녹아 버릴 정도로 엄청 뜨거워.

높은 온도와 압력 속에서 흐물흐물 녹은 암석을 **마그마**라고 하는데,

온도가 700~1300℃나 된대.

마그마는 액체니까 암석의 갈라진 틈 사이를 비집고 위로 올라와.

지표 가까이 올라온 마그마가 결국 마지막 틈새를 발견하고 폭발하는 것이 바로 화산 폭발이야.

내가 화산의 정체!

야호!

마그마는 어디서 만들어질까?

사실 마그마는 어디에나 있어. 문제는 지표 가까이 마그마가 올라올 수 있느냐 없느냐야.

단단한 지층 중에서 주로 금이 가거나 틈이 생긴 부분을 따라 올라가.

그래서 지구 내부의 강한 힘으로 지층들이 휘어지고 끊어지는 일이 많은 판의 경계에서

화산 폭발이 자주 일어나는 거야.

지진과 화산이 자주 일어나는 곳이 비슷한 셈이지.

대표적인 곳이 바로 일본이야. 일본은 판의 경계에 있어서 지진과 화산이 자주 일어나.

하지만 판의 가운데에서 화산이 폭발할 때도 있어.

이 지점을 **열점**이라고 해. 지구 내부에 특별히 뜨거운 지점이 있어서 그 위에 마그마가

엄청나게 많이 만들어지고, 그게 넘쳐서 폭발하는 곳이야.

열점의 대표는 바로 하와이지. 하와이는 여러 개의 화산섬으로 이루어져 있어.

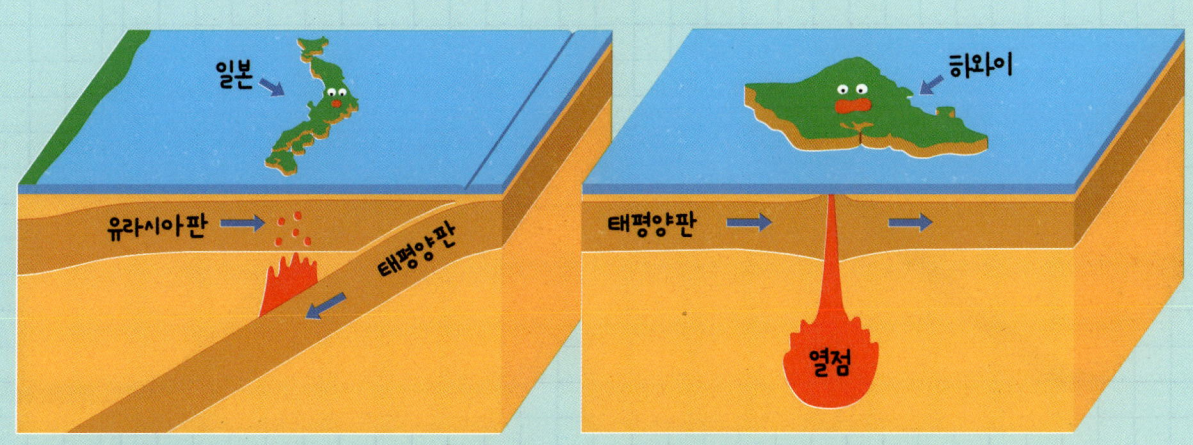

화산 폭발을 본 적 있니?

우리나라의 화산 폭발 소식은 없었지만,
일본이나 하와이의 화산 활동은 활발하니까 뉴스에서 한번 찾아봐.
화산이 폭발하면 어떤 일이 일어날까?
천둥같이 큰 소리가 나고 회색의 뿌연 연기가 하늘로 치솟아.
시뻘건 용암이 흘러내리고, 주변에 있던 나무나 집이 불에 타기도 하지.
화산이 폭발할 때 나오는 것을 기체, 액체, 고체로 살펴볼까?
제일 먼저 나오는 것이 기체인 **화산 가스**야.
대부분 수증기와 이산화 탄소인데, 황화 수소, 염화 수소 등 유독 성분도 들어 있어.
액체는 **용암**이야. 마그마에서 화산 가스가 빠져나간 것을 용암이라고 해.
용암이 식으면 다시 단단한 암석이 되지.
고체는 화산 쇄설물이야. 분출된 용암이 급격하게 식으면서 책가방 만한 크기의
화산탄부터 밀가루처럼 고운 **화산재**까지 다양한 암석 조각들이 생겨.
특히 화산재는 아주 작고 가벼워서 공기를 타고 아주 높이 멀리까지 퍼지지.

요리조리 실험실 용암이 폭발하는 것을 눈으로 확인해 봐.

1 길쭉한 요구르트병을 찰흙으로 감싸서 구멍 뚫린 산 모양으로 만들어.

2 병 안에 식초(작은컵 1컵), 물, 주방 세제 2~4방울, 빨간 물감을 조금 넣어.

3 마음의 준비를 하고, 베이킹 소다 한 스푼을 넣어.

4 식초와 베이킹 소다가 반응해서 이산화 탄소가 생겨. 부글부글 거품이 마구마구 생기면서 병 밖으로 흘러내릴 거야.

화산 폭발에도 종류가 있어

화산 가스가 얼마나 많이 들어 있었느냐에 따라 폭발하는 모습이 달라져.
탄산음료를 마실 때 마구 흔든 다음에 뚜껑을 열면 어떻게 될까?
액체 속에서 빠져나온 기체들이 통 안을 가득 채우면서 힘주고 있다가 뻥 소리와 함께 액체가 솟구치잖아.
한참 가만히 두었다가 뚜껑을 열면? 그냥 얌전히 병을 기울이는 대로 콸콸 흘러나오지.
마찬가지로 화산 가스가 잔뜩 모여 있던 마그마가 갑자기 틈새를 발견해서 폭발할 때는 그야말로
땅을 산산조각 낼 듯이 큰 소리가 나고 엄청난 양의 화산 쇄설물이 쏟아져 나와.
굉장히 위험한 화산 폭발이지. 책가방 만한 돌덩이가 날아올 수도 있다고.
반면 화산 가스가 별로 없는 김빠진 마그마는 비교적 조용히 폭발하는 대신
어마어마한 양의 용암이 콸콸 쏟아져 멀리까지 흘러가.

백두산이 폭발한다면 어떻게 폭발할까?

우리나라에서 가장 높은 산 두 개가 모두 화산이야. 백두산과 한라산!
한라산은 1,000년 전에 작게 폭발한 이후로는 조용한 화산이야.
그리고 폭발하더라도 용암만 잔뜩 분출하는 화산이지. 문제는 백두산이야.
백두산은 화산 가스가 많은 마그마가 폭발하듯이 분출하는 화산이거든.
지진은 갑자기 일어나지만, 화산은 큰 폭발이 일어나기 전에 여러 가지 증상들이 나타나서
어느 정도 예측할 수 있어. 그런데 백두산에서 2,000년 이후에 이런 증상들이 자꾸 일어나고 있어.

1 화산 주변에 지진이 자주 발생해.

백두산 근처에서는 한 달에 300번이나 지진이 일어난 적도 있지.

2 산비탈이 갈라져서 산사태가 자주 일어나.

지진이 일어날 때 갈라질 수도 있고, 마그마가 올라오면서 땅이 부풀어서 갈라지기도 해.

3 특정 지역의 나무들이 한꺼번에 말라죽어.

땅속에서 뜨겁고 유독한 화산 가스가 나오기 때문이야.

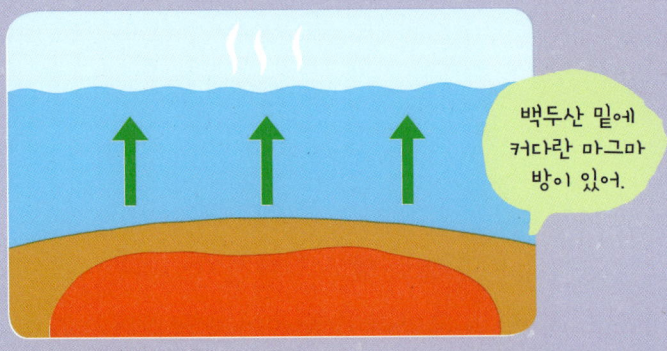

4 온천물이 점점 뜨거워져.

땅속에 있는 마그마가 올라오면서 물이 뜨거워져.

백두산 밑에 커다란 마그마 방이 있어.

과학자들은 백두산이 폭발하리라 생각해. 그게 언제일지는 아무도 모르지만.

 땅속에 만들어진 마그마가 지표 근처에서 약한 틈새를 뚫고 터져 나오는 것을 화산 활동이라고 해. 기체인 화산 가스, 고체인 화산 쇄설물, 액체인 용암이 뿜어져 나와. 화산 분출물이 쌓여 만들어진 산이 화산이야.

미니퀴즈 궁금증 더하기

화산 활동으로 좋은 일이 생기기도 할까?

화산이 폭발하면 용암이나 화산재가 집과 농경지를 덮어 버리고, 산불이 나.

화산재가 비행기 엔진을 고장 내서 화산이 폭발하면 몇 달 동안은 비행기 운항도 못한대.

하지만 화산 활동이 나쁘기만 한 건 아니야. 어떤 점이 좋은 걸까?

 온천이 생겨. 관광지가 생겨. 땅이 비옥해져.

정답 · 01, 02, 03

화산 아래에 마그마가 있기 때문에 온천이 나와. 제주도 전체는 화산 활동으로 만들어진 섬인데, 용암 동굴, 오름, 주상 절리 같은 멋진 지형들이 만들어져 인기 관광지가 되었지. 한라산 국립 공원은 유네스코 세계 자연 문화유산이야.

화산 분출물에는 미네랄 성분이 풍부해서 오랜 시간이 지나면 좋은 농경지가 만들어져.

돌에도 족보가 있다고?

초4	지층과 화석
초4	화산과 지진
중1	지권의 변화

여름 방학을 맞아 사촌 형 가족과 캠핑을 왔어.
가만히 있어도 땀이 뻘뻘 났지.
계곡이 있는 숲으로 들어가니까 어찌나 시원하던지.
바로 계곡물에 뛰어들어 한참을 놀았어.
다음 종목은 돌탑 쌓기!
누가 높이 쌓는지 대결하는 거야.
일단 돌을 많이 모아야 해.
계곡에는 크기도, 모양도, 색도 모두 다른 돌들이
잔뜩 있었지. 이렇게 여러 가지 종류의 돌이
있는 줄 몰랐다고 하니까, 형이 말했어.
"그래 봐야, 어차피 셋 중 하나야!"
이게 무슨 똥딴지같은 소리야?

돌에도 족보가 있다?

사실 이 세상에 있는 모든 돌은 세 가지 집안으로 나눌 수 있어.
한 집안 돌들은 겉모습이 다르더라도 같은 방법으로 만들어진 친척들이야.
돌 집안에도 족보가 있는 셈이지.

쌓이고 눌린 퇴적암 집안

풍화되고 침식된 퇴적물들은 강, 호수, 바다 깊은 곳에 쌓여.
계속해서 새로운 퇴적물들이 쌓일 때마다 밑에 있는 퇴적물들은 꾹꾹 눌리는 거지.
물속에 있는 미생물이나 화학 물질들이 풀처럼 퇴적물 사이를 꼭꼭 붙여 주고.
수십만 년에서 수억 년쯤 지나면 아주 단단한 암석이 돼.
이렇게 퇴적되어 만들어진 암석을 **퇴적암**이라고 해.
그래서 어떤 퇴적암에는 층층이 쌓인 모습 그대로 줄무늬가 있어.
퇴적암은 알갱이의 크기에 따라 구분해.

역암 — 모래보다 큰 자갈들이 많이 섞여 있는 암석이야.

응회암 — 화산재가 쌓여 굳어진 암석이야.

사암 — 모래들이 모여 굳어진 암석이야.

석회암 — 동물의 뼈나 조개껍데기처럼 생물이 만든 단단한 탄산 칼슘 성분이 쌓여서 만들어진 암석이야.

이암 — 진흙이 모여 굳어진 암석이야.

석탄 — 수억 년 전에 지구에 살았던 식물들이 한꺼번에 땅에 묻힌 후 오랜 시간이 지나서 까만 탄소만 남아 단단하게 굳은 거야.

마그마가 식은 화성암 집안

불 화(火), 이룰 성(成), 바위 암(巖). **화성암**은 '불로 이룬 바위'라는 뜻이야.
불보다 더 뜨거운 마그마가 굳어서 만들어진 암석들은 모두 화성암이지.
화성암은 마그마가 천천히 식었는지 빨리 식었는지에 따라 구분해.
땅속 깊은 곳에서 만들어진 마그마는 지층의 틈새를 따라 아주 천천히
지표 가까이에 올라와. 그러다 달리 이동할 곳을 찾지 못하고 한자리에
오래 머물러 있을 때가 있어. 마그마가 그대로 서서히 식으면서 굳으면,
여러 종류의 광물들이 모래알 크기로 천천히 성장하면서 반짝이고 예쁜 암석이 되지.
이 암석을 ***화강암**이라고 해.
지표의 틈새를 찾아 화산 활동을 일으켜 분출하면 마그마가 땅 위로 나오게 돼.
1,000℃였던 마그마는 땅 위를 흐르면서 급속도로 굳어지는데,
이때 화산 가스가 빠져나간 자리가 그대로 남아서 구멍이 숭숭 뚫린 암석이 **현무암**이야.
제주도는 전체가 화산섬이라서 어디에서나 현무암을 볼 수 있어.

화강암
우리나라는 화강암이 아주 많아.
공룡이 살던 시대에 어마어마한
양의 마그마가 쑥 올라왔다가
천천히 다 굳어 버렸거든.
북한산, 도봉산, 설악산 등은
전체가 화강암이라고 해.

높은 열과 압력을 받은 변성암 집안

지구 내부는 끊임없이 움직여. 그 힘은 아무리 단단한 지층이라도 찰흙처럼 구겨버릴 정도지.
게다가 암석을 녹일 정도로 뜨거운 마그마도 있어.
지구 내부의 힘이 강하게 작용하는 판의 경계 부근이나 마그마 근처에 있는 암석들은
뜨거운 열과 압력 때문에 완전히 새로운 모습으로 변신하지.
모든 물질은 열과 압력을 받으면 변할 수밖에 없으니까.
이렇게 생긴 암석들이 **변성암**이야.

변성암은 원래 암석보다 입자의 크기가 더 크고 단단해. 광물의 입자가 커져서 은은하게 반짝이지. 꽉 눌린 증거로 줄무늬가 생기기도 해. 변성암은 원래의 암석이 무엇이었느냐에 따라 구분해. 변성암 중에서 가장 흔하게 볼 수 있는 것은 **대리암**과 **편마암**이야.

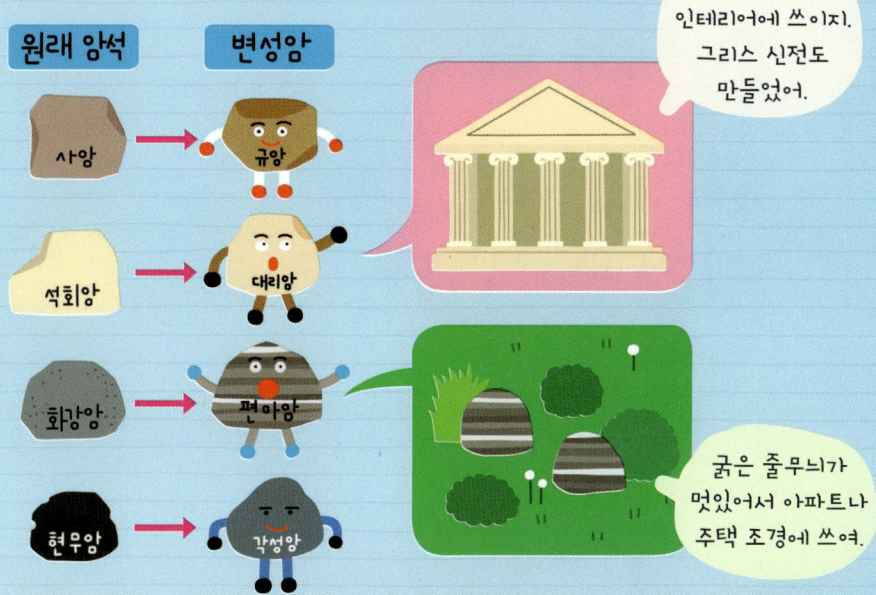

키노트

지구에 있는 암석은 세 가지 방법으로 만들어져. 퇴적암은 퇴적물이 강 하류나 바다 밑에 층층이 쌓여 만들어지고, 화성암은 마그마가 땅속에서 천천히 굳거나 분출한 후 빠르게 식어서 만들어져. 변성암은 땅속에서 오랫동안 높은 열과 압력을 받아서 만들어지지.

미니퀴즈 궁금증 더하기

암석도 순환한다고?

피가 온몸을 순환하고 물이 바다와 공기 사이를 순환하듯이, 암석도 순환해. 딱딱한 암석이 어떻게 지구를 돌아다닌다는 걸까? 빈칸에 알맞은 암석 집안 이름을 넣어 봐!

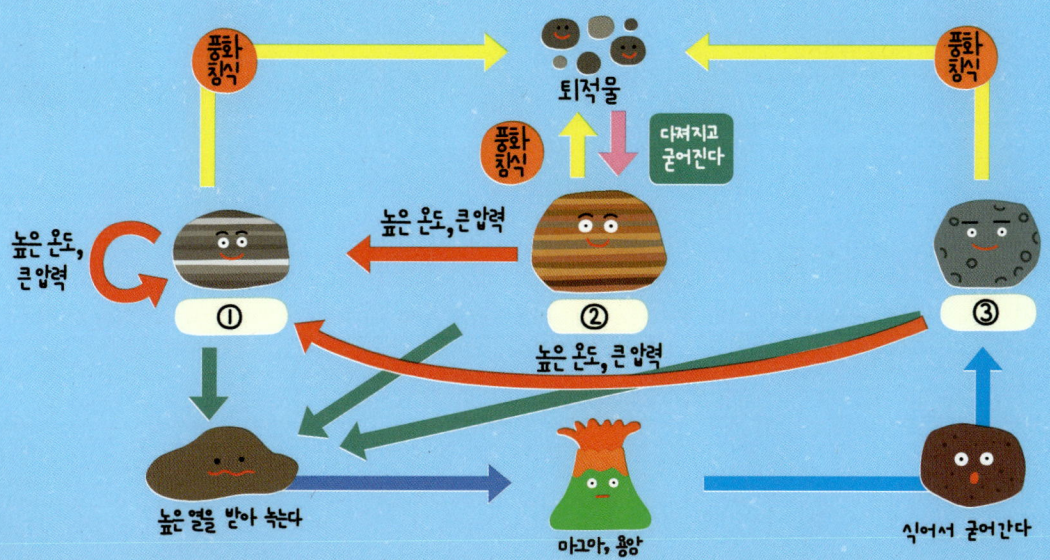

정답 · ① 변성암, ② 퇴적암, ③ 화성암

4억 년 전 생물의 사진을 발견했다고?

초4 지층과 화석
중1 지권의 변화

자연사 박물관으로 체험 학습을 갔어.
정말 신나! 지금은 볼 수 없는 신비한 생명체를
볼 수 있으니까.
일단 안내 선생님을 따라 전시실부터 둘러봤어.
괴상하게 생긴 것들이 잔뜩 있었지.
지금으로부터 4억 년 전의 바닷속에 있던
생물들이래. 외계인이라고 해도 믿겠는걸?
혹시 상상해서 만든 건 아닌지 의심도 가.
"4억 년 전 생물의 모습을 어떻게 알아요?"
너무 궁금해서 손을 번쩍 들고 물어보았더니,
선생님께서 4억 년 전 생물의 사진이 있다고 하셨지.
뭐? 쟤네들이 사진을 찍었다고? 4억 년 전에?

어린 시절의 모습을 어떻게 알 수 있을까?

세 살 때 모습을 알고 있니? 우리는 어렸을 때 모습을 어떻게 아는 걸까?
바로 내 어린 시절이 고스란히 담긴 사진 덕분에 알 수 있지.
이처럼 오래전에 지구에 살았던 생물들도 자기의 모습과 행동에 대한 흔적을 남겨 놨어.
비록 진짜 사진은 아니지만, 그것보다 더 단단하고 수억 년을 버틸 수 있는 돌에다 새겨두었지.

요리조리 실험실   찰흙으로 화석을 만들어 보자.

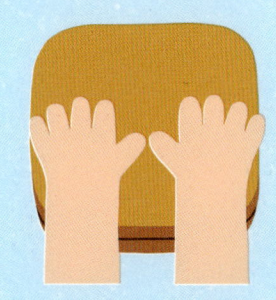

화석 발굴은 쉽지 않군!

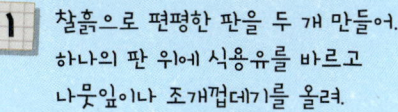

1 찰흙으로 편평한 판을 두 개 만들어. 하나의 판 위에 식용유를 바르고 나뭇잎이나 조개껍데기를 올려.

2 나머지 판을 그 위에 올리고 손바닥으로 꾹꾹 누르는 거야.

3 두 개의 찰흙 판을 조심스럽게 떼어 내.

흔적이 담긴 암석!

고생물의 모든 흔적이 담긴 암석을 **화석**이라고 해.
범죄 사건이 일어나면 과학 수사대가 사건 현장을 샅샅이 뒤져서 지문, 체모, 옷의 실오라기, 신발 자국 같은 단서들로 범인을 찾아내. 과거 생물들을 연구하는 과학자의 단서는 화석이야.
우리에게 가장 익숙하고 압도적으로 많이 발견되는 것이 뼈, 이빨, 조개껍데기야.
생물의 몸 중에서 단단한 부분이지. 운이 좋으면 식물의 잎이나 알, 세균, 피부, 깃털, 근육, 내장처럼 연약한 부분이 화석으로 남기도 해. 생물의 몸 일부가 아니라 생활하면서 남긴 흔적들도 화석이야. 생물들이 어떻게 살았는지를 알려 주니까.
발자국이나 생물이 판 굴, 기어간 자국, 깨문 자국, 똥, 둥지 등을 흔적 화석이라고 해.

고생물 화석이 우리에게 발견되기까지

늪지, 호숫가, 사막, 바다에 살던 생물이 죽으면서 가능한 한 빨리 퇴적물과 함께 쌓이고,
그 위에 퇴적물이 또 쌓이고 쌓이면서 단단하게 눌리면 화석이 만들어져.
그러니까 퇴적암에서 화석이 발견되는 거야.

1 가능한 한 빨리 묻혀야 해.

죽은 동물들이 다른 동물에게 먹히거나 미생물에 의해
썩으면 화석이 될 수 없어. 홍수나 산사태, 화산 폭발이
일어나서 갑자기 한꺼번에 밀려드는 퇴적물 속에 순식간에
묻혀야 고스란히 화석으로 남을 수가 있지.

2 죽은 생물의 몸에 단단한 부분이 있어야 해.

연약한 부분은 땅에 묻힌 후 썩기 쉬워. 연약한 부분의
화석은 정말 귀한 화석이야.

3 지구 내부의 뜨거운 열과 압력을 받지 않아야 해.

애써 만들어진 화석을 담은 퇴적암이 마그마가 되거나
변성암이 되면 화석도 사라지지. 수십만 년에서 길게는
수십억 년 동안 자기 모습을 지킨 퇴적암 속에서
화석을 발견할 수 있어.

신기한 화석들 모여라!

가장 오래된 화석은 약 37억 년 전부터 만들어진 <u>**스트로마톨라이트**</u>야.
바다에 사는 남세균은 끈적끈적한 막을 갖고 있어서 작은 퇴적물을 얇게 겹겹이 쌓아
돌덩이를 만드는 특징이 있어. 이 돌을 스트로마톨라이트라고 해.
우리나라의 소청도에 가면 35억 년 전에 만들어진 스트로마톨라이트를 볼 수 있어.
놀라운 건 오스트레일리아의 서해안에 있는 샤크 베이에서는 지금도
스트로마톨라이트가 만들어지고 있다는 사실!

가장 작은 화석과 가장 큰 화석은?

가장 작은 화석은 바로 세균의 화석이야!
세균도 화석이 될 수 있거든. 하지만 너무 작아서 현미경으로만 볼 수 있어.
사실 내 손바닥에 있는 세균이나 35억 년 전에 살았던 세균이나 비슷하게 생겼지만.
지금까지 발견된 화석 중 가장 큰 화석은 약 1억 4천만 년 전에 살았던
브라키오사우르스의 다리뼈야. 브라키오사우르스는 5층 건물만한 크기의 공룡인데,
가장 큰 허벅지 뼈 화석의 길이가 2m였어.

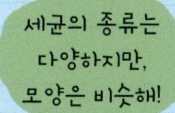
세균의 종류는 다양하지만, 모양은 비슷해!

키노트
지구에 살았던 생물의 흔적이 화석으로 남아 있어. 생물의 몸통이나 뼈가 그대로 돌로 변해서 만들어진 화석도 있고, 동물이 지나가면서 남긴 발자국, 벌레가 파 놓은 구멍, 알과 둥지, 똥의 흔적도 화석이라고 해. 화석을 연구해서 지금은 볼 수 없는 생물들의 모습을 알 수 있어.

미니퀴즈 궁금증 더하기

화석 연료란 무엇일까?
자동차, 난방, 발전소에서 사용하는 연료를 화석 연료라고 해.
다음 중 화석 연료인 것을 모두 골라 봐.

01 석유 **02** 석탄 **03** 천연가스 **04** 우라늄

정답 · 01, 02, 03

아주 오래전에 지구에 살았던 생물이 죽어서 땅속에 묻힌 후 오랜 시간 동안 열과 압력을 받으면 탄소와 수소만 남아. 태우면 많은 열을 내기 때문에 연료로 많이 사용하지. 주로 바다에 살던 동물성 미생물은 석유로 변하고, 육지의 나무들은 석탄으로 변했어. 석유가 만들어질 때 빠져나온 기체가 따로 모여 있는 걸 천연가스라고 해. 생물이 죽어서 만들어진 것이니까 화석 연료라고 불러.

지구의 나이는 46억 살!

초4 　지층과 화석
중1 　지권의 변화

누나가 재미있는 유튜브 영상을 보여 주겠대.
검은 하늘에서 막 돌덩이가 떨어지고,
화산이 폭발하고, 바닥에는 용암이 흐르고 있었어.
"저곳은 어디야? 외계 행성인가?"
그랬더니 누나가 지구라는 거야!
거짓말인 줄 알았는데, 정말 지구였어.
바로 46억 년 전 지구가 탄생하는 순간이었지.
지구가 처음 생겨났을 때는 산소도 없었대.
바다도 식물도 없었고 말이야.
저런 곳이었다면 충분히 가능할 것 같아.
그럼 푸른 바다, 식물과 동물, 인류는
어떻게 생긴 걸까?
지구에서 도대체 무슨 일이 일어났던 거지?

화석으로 알아낸 지구의 지질 시대

지구가 태어났을 때부터 인류가 정착 생활하기 전까지의 시대를 **지질 시대**라고 해.
46억 년 전부터 약 1만 년 전 사이지.
지질 시대는 크게 4가지 시기로 구분해. 선캄브리아대, 고생대, 중생대, 신생대야.
대규모 화산 폭발이나 격렬한 판 구조 운동, 운석 충돌 같은 사건으로 나눈 거야.
그때마다 지층의 구조나 성분, 생물의 종류가 완전히 달라지거든.
지금까지 지구에서는 다섯 번의 생물 대멸종이 일어났어.

하늘에서 수백 개의 돌이 떨어지던 날

규산염 광물
규소와 산소를 주성분으로 하는 광물이야. 지각의 92%가 규산염 광물이지.

지구는 약 46억 년 전에 태어났어.
지구 궤도에 있던 수많은 돌덩이와 우주 먼지들이 충돌하고 뭉치면서 점점 커졌지.
커질수록 중력이 세져서 점점 더 많은 돌멩이를 더 빠르게 끌어당겼어.
지구 초기에는 하늘에서 집채만 한 돌들이 하루에도 수백 개씩 떨어지고,
지구 전체가 뜨거운 마그마 상태였지.
이때 무거운 철이나 니켈이 중심으로 가라앉아 핵이 되고,
비교적 가벼운 *규산염 광물들이 바깥으로 이동해서 맨틀과 지각이 형성되었어.
그때는 지구의 대기가 지금보다 10배쯤 더 많았는데, 대부분 이산화 탄소와 수증기였어.
산소는 암석 속에만 들어있을 뿐 대기 중에 산소 기체가 있는 건 아니었지.
타임머신을 타고 초기 지구에 간다면 꼭 산소통을 챙겨야 해!

바다가 만들어지고, 산소가 보글보글

지구가 근처에 있는 거의 모든 돌멩이를 흡수하고 나니
뜨거운 충돌이 확 줄어들어서 지표면이 점점 식기 시작했어.
그러자 대기 중에 수증기가 구름 방울이 되고 빗방울이 되었지.
수백 년 동안 비가 내려 거대한 바다가 만들어졌어.
대부분의 수증기와 이산화탄소가 바닷속으로 들어가면서
지구 대기의 양은 1/10로 줄어들어 현재와 비슷해졌지.
그리고 35억 년 전 바닷속에서 드디어 생명이 탄생한 거야.
초기 생명은 모두 박테리아, 즉 세균이었지.
그중에서 광합성을 하는 세균들이 있었는데, 점점 다양해지고 많아졌어.
드디어 24억 년 전부터 대기 중에 산소 기체가 등장하기 시작했어.
산소 호흡을 통해 에너지를 만드는 생물들이 폭발적으로 증가했지.
산소가 아주 중요한 이유가 하나 더 있어. 바로 오존의 재료거든.
산소 기체가 많아지니까 해로운 자외선을 막아주는 오존층이 만들어진 거야.
드디어 육지에서도 생물들이 안전하게 살아갈 수 있게 됐어.

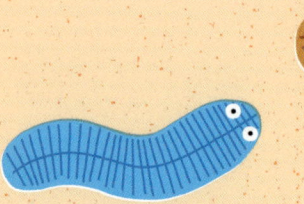

세균의 시대, 선캄브리아대

46억 년 전부터 5억 4천만 년 전까지를 **선캄브리아대**라고 해.
46억 년부터 40억 년, 즉 지구가 태어난 후 6억 년 동안은 생물이 없었어.
40억 년부터 10억 년까지는 세균 세상이었지. 10억 년에서 5억 4,100만 년까지
작고 단순한 생물들이 등장해.

삼엽충과 육상 생물의 등장, 고생대

5억 4,100만 년에 갑자기 다양한 생물들이 폭발적으로 등장했어.
이때부터 2억 5,100만 년 전까지를 **고생대**라고 해.
바닷속에는 갑옷을 입은 물고기인 **갑주어**와 세 겹 몸통을 가진 **삼엽충**이 가득했지.
고생대 중반에 몇몇 생물들이 바닷속을 나와 육지에 정착하기 시작했어.
거대 잠자리가 날아다니고 거대 **나무고사리** 숲 사이를 원시 동물들이
부지런히 헤집고 다녔지. 그런데 2억 5,100만 년 전에 어마어마한
화산 폭발이 일어나는 바람에 지구 전체 생물 중 90%가 사라졌어.

공룡의 전성기, 중생대

2억 5,100만 년부터 6,600만 년 전까지를 **중생대**라고 해.
삼엽충이 사라진 바닷속은 **암모나이트**가 차지했고,
크기가 줄어든 고사리 대신 등장한 나무들이 숲을 이루었어. 중생대 때 꽃이 처음 등장해.
그전까지 식물은 꽃을 피우지 않고 포자로 번식했거든.
하지만 뭐니 뭐니 해도 중생대의 육지를 호령한 것은 **공룡**이지.
그러다 6,600만 년 전, 지구에 커다란 운석이 떨어졌어.
공룡류와 암모나이트를 비롯해 반 이상의 생물이 순식간에 사라졌어.

빙하기를 살아남은 포유류의 시대, 신생대

6,600만 년 전부터 1만 년 전까지를 **신생대**라고 해.

운석 충돌과 화산 폭발로 지구의 기후가 급격히 변했어.

빙하기가 반복적으로 찾아왔지. 공룡이 사라진 지구를 조류와 포유류가 차지했어.

아무거나 잘 먹고, 털이 덥수룩해서 체온을 유지하는 데 유리했거든.

메머드와 **스밀로돈** 같은 커다란 동물과 말, 생쥐, 새들이 번성했지.

그리고 드디어 약 5백 만 년 전에 **원시 인류**가 등장했어.

점점 진화한 인류는 약 1만 년 전부터 농사를 짓고, 간단한 집을 지어 정착하기 시작했지.

돌과 나무를 잘라 집을 짓고 하늘에 제사를 지내며,

동물과 식물을 키우고 맛있는 음식을 먹었어.

환경에 맞추어 살던 방식에서 벗어나 살기 좋은 환경을 찾아 떠돌아다니고,

지구의 자원들을 적극적으로 이용했지.

자기가 원하는 환경을 만드는 인류가 등장하면서

지질 시대는 막을 내리고 역사 시대가 시작되었어.

키노트

지구가 태어난 46억 년 전부터 약 1만 년 전까지를 지질 시대라고 해.
대규모 화산 폭발이나 운석 충돌로 인한 생물종의 변화를 기준으로 시기를 나눠.
모든 생물이 바다에 살았던 선캄브리아대, 삼엽충과 고사리가 지구를 차지했던 고생대,
공룡의 시대인 중생대, 매머드와 인간이 번성한 신생대로 나누지.

미니퀴즈 궁금증 더하기

지구상에서 가장 오래된 생물은?

화석으로 발견된 생물들 대부분은 멸종해서 현재는 볼 수 없어.
하지만 수억 년 동안 화산 폭발이나 빙하기, 운석 충돌 등의 어마어마한 사건들 속에서도
살아남아 우리와 함께 살고 있는 생물들이 있지.
이 중에서 지구에 등장한 지 가장 오래된 생물은 무엇일까?

01 은행나무　　02 긴 꼬리 투구 새우
03 개　　　　　04 고사리

정답 · 04

은행나무와 긴 꼬리 투구 새우는 중생대에 등장했고, 개는 인류와 함께 등장했어.
고사리는 무려 5억 년 전인 고생대에 등장했어.

새가 공룡의 후손이라고?

초4 지층과 화석
중1 지권의 변화

쉿, 조용히 해 봐. 지금 초집중하고 있거든.
끌과 망치로 아주 조심스럽게,
흠집 나지 않은 완벽한 공룡 뼈를 발굴하는
중이라고. 진짜 공룡 뼈냐고?
사실 문구점에서 산 공룡 화석 발굴 키트지!
난 공룡이 제일 좋아. 내 보물 1호는
공룡 인형, 공룡 책, 공룡 영화야.
장래 희망은 공룡을 연구하는 고고학자이지.
그런데 같이 공룡 뼈를 발굴하던 친구가
공룡은 새의 조상이래.
파충류가 공룡의 후손인 거 아니었어?

우리가 알고 있는 공룡의 모습이 진짜일까?

지구에 살았던 생물 중 가장 거대하고 다양했던 공룡은 어린이들의 슈퍼스타야.
우리나라에서도 코리아노사우르스, 코리아케라톱스, 부경고사우루스가 발견됐지.
경상남도 고성에는 세계적으로 유명한 공룡 발자국 화석지가 있어.
하지만 정말 공룡이 '크아앙~'하면서 크게 포효했을까?
파충류처럼 딱딱한 비늘이 몸 전체를 감싸고 있었을까?
어떻게 5층짜리 아파트만큼 큰 동물이 움직일 수 있었을까?
공룡은 정말 6,600만 년 전에 모두 멸종했을까?
공룡 학자들이 밝혀낸 진짜 공룡의 모습을 만나 보자.

공룡은 파충류가 아니야!

공룡은 1820년대 거대한 뼈 화석이 발견되면서 세상에 알려졌어.
긴 꼬리와 무서운 이빨이 도마뱀이랑 비슷하게 생겨서
'무서운 도마뱀'이라는 뜻으로 **공룡**(Dinosaur)이라는 이름이 붙었지.
도마뱀, 악어, 거북, 뱀과 같은 파충류인 줄 알았거든.
연약한 피부는 화석으로 남아 있기가 아주 어려우니까
대부분 공룡의 피부도 악어랑 비슷할 거라고 추측했어.
우리가 익숙하게 알고 있는 공룡의 모습이지.

공룡은 파충류와 비슷한 점도 있지만, 다른 점이 더 많아서
이제는 **공룡류**라고 새롭게 분류해. 어떤 점이 다르냐고?

1 기낭이 있어

기낭은 공기주머니야.
공룡의 가슴뼈를 보면 폐와 연결된 기낭 때문에 생긴 구멍이 있는데, 새와 아주 비슷한 구조야. 브라키오사우르스는 목뼈 전체를 기낭이 에워싸고 있어서 그 무거운 목을 자유자재로 움직일 수 있었대.

2 체온이 유지돼

파충류는 주변 환경에 따라 체온이 달라지는 변온 동물이지만, 공룡은 환경에 상관없이 체온이 유지되는 정온 동물이야.
혈액 순환이 빠르지.

3 털이 있어

심지어 티라노사우루스도 털이 있었어.
털의 색깔도 다양했지.

4 알과 새끼를 돌봤어

악어 같은 몇몇을 제외하고 대부분의 파충류는 알을 낳거나 새끼가 나오면 떠나.
하지만 공룡은 둥지를 지키고 알과 새끼를 돌봤지. 어른 공룡에 비해 새끼의 크기가 너무 작다 보니 제대로 돌보지 않았다면 거의 살아남을 수 없었을 테니까.

파충류와는 확실히 다른 이 특징들을 보니 뭔가 떠오르지 않아?
몸 안에 공기주머니가 있고, 뼈에 구멍이 뚫려 있어 몸이 가볍고,
체온이 유지되면서 온몸이 털로 뒤덮이고 알을 돌보는 동물 말이야.
대신 공룡과 달리 날아다닐 수 있고. 맞아! 바로 새야.

오늘 아침에도 공룡의 후손을 보았지?

비둘기, 참새, 까치 등등 새는 쉽게 찾아볼 수 있어.
오늘날 지구상에 있는 모든 새는 공룡의 후손이야.
그것도 티라노사우루스나 벨로키랍토르 같은 사나운 육식 공룡의
사촌들이지. 꼬리를 치켜들고 튼튼한 두 뒷다리만으로 아주 빠르게 움직이며
사냥하는 모습이 새가 두 다리로 걸어 다니는 것과 비슷하지 않아?
6,600만 년 전 지구에 커다란 운석이 충돌해서 어마어마한
충격으로 전 지구가 혼란에 빠지고 대부분의 공룡이 멸종했어.
사나운 육식 공룡 중 특히 털이 많고, 몸집이 작아 움직임이 날쌔며,
아무거나 잘 먹는 공룡들이 살아남았지.
그들이 '새'로 진화한 거야.

유서 깊은 가문이군.

몸속 뼈를 보니 정말 닮았어.

키노트

중생대에 육지에 살았던 동물을 공룡이라고 해. 20cm 정도의 작은 것부터 5층 건물 높이의 거대한 공룡까지 무척 많은 종류의 공룡이 살았어. 6,600만 년 전에 지구에 커다란 운석이 충돌하면서 공룡이 멸종했지만, 일부 공룡이 살아남아 후손을 남겼어. 오늘날 우리 주변에서 날아다니는 새는 모두 공룡의 후손이야.

미니퀴즈 궁금증 더하기

공룡은 어떤 소리를 냈을까?

동물들은 목 안의 근육 조직 모양에 따라 소리 내는 방법이 달라.
그런데 근육 조직은 화석으로 남지 않아서 공룡의 목구멍이 어떻게 생겼는지 알 수 없지.
과연 공룡은 어떤 소리를 냈을까?

01 어흥! **02** 짹짹 **03** 쉭쉭 **04** 깍깍 **05** 안녕?

정답 · 02, 03, 04

과학자들은 공룡의 가까운 친척인 파충류와 후손인 조류의 소리를 연구해서 추측해 봤어.
공룡의 종류가 많은 만큼 아주 다양한 소리를 냈을 거야. 지금 새들의 울음소리가 다양한 것처럼.
분명한 건 영화에 나오는 것처럼 큰소리로 울부짖지는 않았을 거야. 그건 사자나 호랑이의 방식이니까.

바닷물을 마시면 왜 안 될까?

초4 물의 여행
중2 수권과 해수의 순환

'무인도에서 살아남기'라는 TV 프로그램을 봤어.
열대 지방에 있는 무인도에서
살아남는 사람이 우승하는 거지.
일단 집을 만드는 게 제일 중요하대!
비와 뜨거운 해를 피해서 체온을 잘 지켜야
작업도 하고 돌아다닐 수도 있거든.
그다음 중요한 건 마실 물을 구하는 거래.
바로 눈앞에 바다가 있으니까,
물은 충분한 거 아닌가?
그런데 바닷물은 그냥 떠 마시면 절대 안 된대!
왜 안 된다는 거지?
너무 짜서 그럴까?

바닷물은 어떤 맛이야?

바닷가에서 첨벙첨벙 물싸움하다 보면
어쩔 수 없이 한 모금씩 맛본 적이 있지 않아?
생각보다 엄청나게 짜고, 뒷맛은 씁쓸하면서 비릿해. 정말 최악의 물맛이야.
그래도 목이 말라서 쓰러질 것 같을 땐 한 컵쯤 마셔도 되지 않을까?
물은 물이니까? 하지만 절대 안 돼!
바닷물을 마시면 절인 배추처럼 되거든.
*삼투 현상 때문에 몸속 세포 속에 있던 물이 오히려 더 빠져나와서
바닷물을 마시기 전보다 훨씬 더 갈증이 심해질 거야.
바닷물 속 미생물 때문에 배탈과 설사에 시달리는 건 덤이지.

삼투 현상
농도가 서로 다른 두 용액이 있을 때, 농도가 낮은 쪽 용액이 농도가 높은 쪽으로 이동해서 서로의 농도를 같게 만들려는 현상이야.

바닷물 속에는 염분이 들어 있어

암석 속에는 다양한 성분들이 있는데, 특히 나트륨, 칼륨, 칼슘이 물에 잘 녹아.
비나 강물에 녹아 들어간 암석의 성분들은 바다로 모이는데,
마그네슘, 황산 칼슘, 칼륨 등등 지구상에 있는 대부분의 원소가 들어 있어.
이렇게 바닷물 속에 녹아 있는 물질들을 **염류**라고 해.
바닷물 속에는 다양한 물질이 녹아 있어서 여러 가지 이상한 맛이 나는 거야.
그중에 가장 많이 들어있는 것이 소금(염화 나트륨)이라서 짠맛이 제일 강해.
또 바닷속에는 화산이 아주 많아. 전 세계 화산 중 절반 이상이 **해저 화산**이지.
화산이 폭발할 때 나오는 화산 가스와 용암 속 성분이 바다로 녹아 들어가.
수십억 년 동안 바다에 모인 염류의 양을 **염분**이라고 불러.

서해와 동해의 바닷물 맛은 다르다?

우리나라의 서해와 동해의 바닷물 맛이 다르다는 걸 알고 있어?
서해보다는 동해의 바닷물이 더 짜. 서해로는 압록강, 한강, 금강, 중국의 황허강, 양쯔강처럼
큰 강이 흘러서 싱거운 강물이 계속 섞이거든. 그리고 계절에 따라서도 바닷물의 맛이 달라져.
비가 많이 오는 여름에는 염분이 낮고, 비가 적게 오는 겨울에는 염분이 높아.
그럼 세상에서 가장 짠 바닷물은 어디에 있을까? 바로 **사해**(Dead Sea)야.
이름도 무시무시해. '죽음의 바다'라니. 사해의 염분은 동해 바닷물의 다섯 배가 넘어!
같은 양의 바닷물을 증발시키면 소금이 다섯 배 이상 많이 나오는 거야.
그래서 사람이 바닷물 속에 둥둥 떠다닐 수 있는 관광지가 되었지.
그럼 세상에 가장 싱거운 바닷물은 어디에 있을까? 북유럽의 **발트해**(Baltic Sea)야.
동해 바닷물의 1/3 정도밖에 안 되는 염분이 들어 있어.

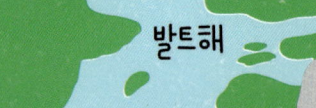
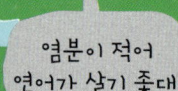

지구에 물이 없다면?

지구상의 모든 생물은 물이 없으면 살 수가 없어.
물고기, 고래, 조개처럼 물에서 사는 생물뿐 아니라, 육지에 사는
우리 몸의 70%도 물이거든. 다행히 지구는 물이 풍부한 행성이야.
세계 지도나 지구본을 보면 가로세로 선이 그어져 있을 거야.
그 위를 네모 칸으로 세어 보면 알 수 있어. 육지 칸, 바다 칸으로
말이야. 바다는 지구 표면의 70%, 육지는 30%를 차지하고 있어.

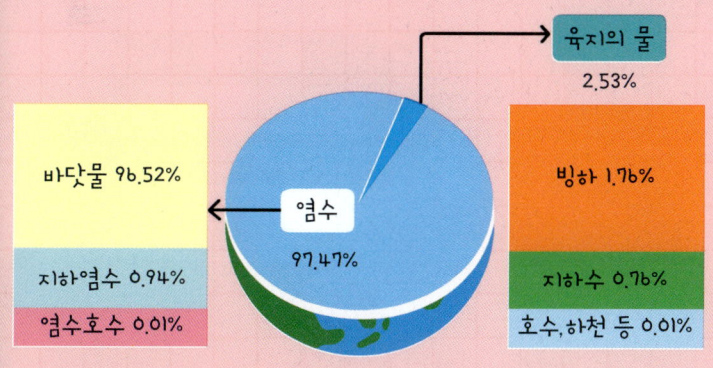

지구에서 마실 수 있는 물은 얼마나 될까?

지구에 있는 물을 다 모아 보면 대부분이 바다야. 문제는 육지에 사는 생물은 바닷물을 마실 수 없다는 거야! 그다음 많은 것이 **빙하**, 그다음 많은 것이 **지하수**이지. 계곡, 시냇물, 강과 호수에 있는 물은 단 0.01% 정도뿐이래. 아이코, 물을 아껴 써야겠는걸!

바닷물에 녹아 있는 나트륨, 염소, 마그네슘 등 다양한 물질들을 염류라고 해. 싱거운 강물이 얼마나 흘러드는지, 증발량과 강수량은 어떤지에 따라 염분이 다르지. 지구상에 있는 물의 97%는 바닷물이고, 우리가 마실 수 있는 물은 겨우 0.01% 뿐이야.

미니퀴즈 궁금증 더하기

바다는 왜 파란색일까?

바닷가에 있는 산에 올라가서 바다를 내려다본 적이 있니?
푸른 바다가 끝없이 펼쳐진 모습일 거야. 하지만 정작 바닷물을 그릇에 담으면 투명해.
바다는 왜 파란색으로 보이는 걸까?

01
파란 물감을 탔어.

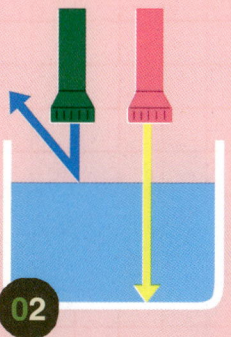
02
파란빛만 반사되거나 통과해.

03
파란 물고기들이 가득해.

04
물고기 똥이 파란색이야.

정답 · 02

세상의 모든 색은 햇빛 때문에 만들어져. 무지개를 보면 빛이 여러 가지 색으로 나눠진다는 것을 알 수 있어.
그중에서 다른 색깔 빛은 모두 물에 흡수되는데, 파란빛만 반사되거나 통과돼서 바다가 파랗게 보이는 거야.
물의 깊이에 따라 밝은 초록색, 짙은 파란색 등 여러 가지 색으로 보여.
하지만 바닷속 100m 깊이부터는 거의 모든 빛이 흡수되기 때문에 깜깜한 어둠뿐이야.

100년 전에 보낸 편지가 도착했다고?

초4 물의 여행
중2 수권과 해수의 순환

유리병 편지를 써 본 적 있어?
작은 종이에 편지를 써서 돌돌 만 다음,
유리병 안에 넣고 코르크 마개로 꾹꾹 막아.
그리고 바다에 띄운 편지 말이야.
책이나 영화 속 주인공들만 쓰는 건 줄 알았는데,
무려 100년 전에 쓴 병 편지가 발견됐대!
1914년 스코틀랜드 해양부가 바다에 던진
편지가 2019년에 물고기잡이를 하러 간
어부에게 발견된 거야. 처음 던진 장소에서
15km 떨어진 곳이었대. 그리 멀리 가진
못했지만, 100년 된 종이에 쓰인 편지를
읽다니 근사해.
왜 100년 전에 병 편지를 바다에 던진 걸까?

이것을 발견한 사람은 발견 지점과 시간을 적어 위 주소로 보내시오.

바다에도 흐름이 있어

바닷물은 계속 출렁거리면서 제자리에 있거나 아무 방향으로 바람 따라 마음대로 가는 것처럼 보여.
바다는 워낙 넓으니까. 그런데 바다에도 강물처럼 일정한 방향으로 흘러가는 흐름인 **해류**가 있어.
강물은 높은 곳에서 낮은 곳으로 흐르니까 눈으로 쉽게 관찰되지만, 해류는 잘 보이지 않지.
인류가 처음으로 해류를 발견한 건 1750년대야.
영국과 미국이 서로 우편을 주고받았는데, 영국에서 미국으로 보내는 것보다
미국에서 영국으로 보내는 것이 2주나 더 빨랐던 거야.
마치 강물을 타고 올라가는 것보다 내려가는 것이 훨씬 쉬운 것처럼 말이지.
그 이후 해양 무역이 활발해지면서 빠른 바닷길을 많이 찾았어.
바다에 항해를 도와주는 거대한 해류가 있다는 것을 확실히 알게 되었지.

해류병을 이용했어

사실 바다가 강물처럼 경계가 뚜렷한 것은 아니라서 해류를 정확히 구분하기는 어려워.
실제로 과거에는 해류의 방향과 속도를 자세히 알기 위해 '유리병 편지' 작전을 활용했어.
해양부 주소와 '이것을 발견한 사람은 발견 지점과 시간을 적어 해양부로 보내시오.'라고
적은 엽서를 플라스틱이나 유리로 만든 해류병에 넣고, 배를 타고 나가 바다에 던지는 거야.
1930년대에 여러 나라에서 이런 해류병을 수천 개씩 던졌다고 해.

인공위성으로 바닷물을 추적해

해류병에는 문제가 있었어. 해류병은 실제 해류보다는 바람으로 움직이고, 출발과 도착 지점만 알 수 있고, 2,000개쯤 던지면 300개만 답장이 와. 그리고 실제 도착한 시간보다 한참 후에 발견될 수 있어. 1900년대 초반에 던진 해류병이 요즘 발견되기도 한다니까, 정확한 속도를 알기도 어렵지. 요즘에는 인공위성으로 바닷물을 추적해서 정확한 해류 지도를 그리고 있어. 특히 우리나라는 직접 개발한 최첨단 해양 탐사 위성인 천리안을 활용하고 있지. 천리안이 녹조와 적조의 발생과 이동, 해류 이동, 바닷물의 온도 등 다양한 특징 변화를 기록하면, 전 세계 과학자들과 함께 연구하는 거야.

난류와 한류가 흘러

지구 표면의 온도는 지역마다 달라. 적도는 너무 덥고, 극지방은 너무 춥지. 하지만 해류가 지구의 열을 골고루 전달해서 생물이 견딜만한 온도를 유지할 수 있어. 적도 부근에서 올라오는 따뜻한 해류를 **난류**라고 하고, 극지방 근처에서 내려오는 차가운 해류를 **한류**라고 해. 난류는 적도 지방의 남는 열을 극지방으로 전달해주고, 한류는 극지방의 차가운 물을 적도로 옮겨주지. 만약 해류가 멈춘다면 극지방부터 빙하기가 시작될 것으로 예측하고 있어.

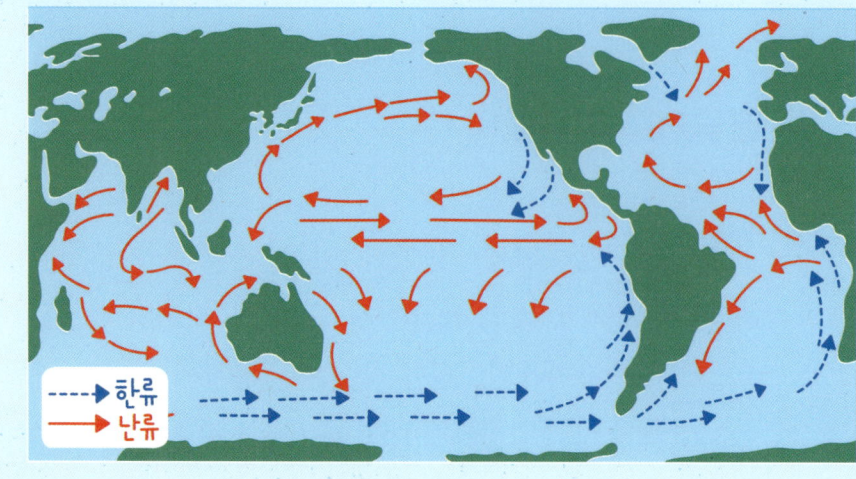

우리나라에 영향을 주는 해류

우리나라 주변에는 어떤 해류가 있을까?
우리나라 바다는 태평양과 연결되어 있어.
남쪽에서는 난류인 **쿠로시오 해류**가 올라와서 서해와 남해로 흘러.
북쪽에서는 한류인 **북한 해류**가 동해로 내려와.
차가운 해류와 따뜻한 해류가 만나는 동해에는 훌륭한 어장이 형성되지. 그런데 요즘에는 지구 온난화로 난류의 힘이 세졌어.

키노트

바다에도 일정한 방향으로 흐르는 거대한 흐름인 해류가 있어.
일정한 방향으로 바람이 불고 지구가 자전하기 때문에 생겼지. 해류는 지구의 열에너지를 골고루 나눠주는 역할을 해. 한류와 난류가 만나서 형성된 좋은 어장을 조경 수역이라고 해.

미니퀴즈 궁금증 더하기

지진 해일은 왜 생길까?

2011년 3월, 4층 건물만큼 높은 거대한 파도가 동일본 해안가를 덮쳤어.
집과 자동차들이 장난감처럼 부서질 정도로 무섭게 밀려 들어와 큰 피해가 발생했지.
이 큰 파도를 우리말로는 지진 해일, 일본어로는 쓰나미라고 불렀어. 이런 현상은 왜 생기는 걸까?

- 01 바닷속에서 지진이 일어나서
- 02 태풍 때문에
- 03 아주 센 바람이 불어서
- 04 빙하가 녹아서

정답 · 01

바닷속에서 지진이 일어나면 어마어마한 양의 바닷물이 갑자기 한꺼번에 출렁이면서 큰 운동에너지가 생겨.
이 에너지가 해안가에 다다르면 아주 높은 파도를 만들어서 육지를 덮치는 거야. 지진 해일이 발생하기 직전에 마치 썰물처럼 바닷물이 빠져나갔다가 높은 파도로 돌아오니까 지진 해일 경보를 받으면 높은 언덕으로 빨리 대피해!

밀물과 썰물은 왜 생길까?

초3 지구의 모습
중2 수권과 해수의 순환

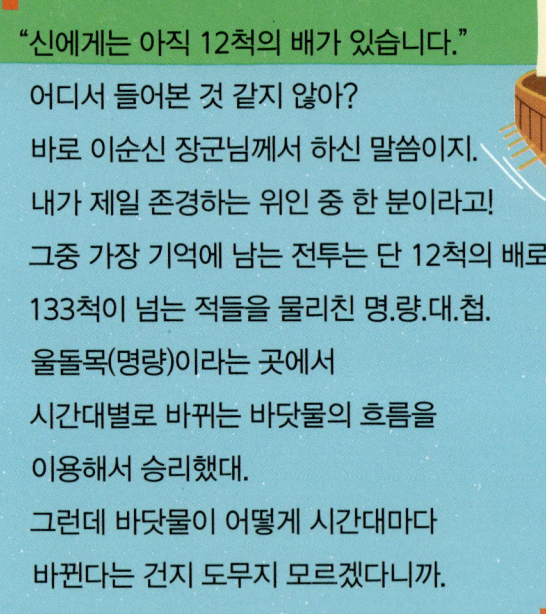

"신에게는 아직 12척의 배가 있습니다."
어디서 들어본 것 같지 않아?
바로 이순신 장군님께서 하신 말씀이지.
내가 제일 존경하는 위인 중 한 분이라고!
그중 가장 기억에 남는 전투는 단 12척의 배로
133척이 넘는 적들을 물리친 명.량.대.첩.
울돌목(명량)이라는 곳에서
시간대별로 바뀌는 바닷물의 흐름을
이용해서 승리했대.
그런데 바닷물이 어떻게 시간대마다
바뀐다는 건지 도무지 모르겠다니까.

조개잡이 해 봤어?

우리나라 서해안과 남해안은 넓은 갯벌이 펼쳐져 있는 것으로 유명해.
갯벌 체험에 가서 조개를 캐 본 친구들도 있을 거야.
그런데 갯벌 체험은 하루 중 특별한 시간대, 즉 바닷물이 빠져서 갯벌이 드러난 시간에만 할 수 있어.
바닷물이 빠져나가는 현상을 **썰물**이라고 하고, 다시 바다가 밀려와서 바닷물이 높아지는 현상을
밀물이라고 해. 밀물과 썰물은 약 12시간 간격으로 하루에 두 번씩 일어나.
그래서 갯벌 체험을 하러 가려면 썰물 시간대를 확인하면 돼.
서해안과 남해안은 밀물과 썰물의 차이가 커. 5m가 넘는 곳도 있지.
그만큼 많은 바닷물이 12시간 간격으로 움직이고 있어.

이순신의 든든한 지원군, 밀물과 썰물

이순신 장군이 명량 대첩을 벌인 남해의 울돌목은 육지와
섬 사이가 좁고 바위도 많아서 바닷물이 요란한 소리를 내며
빠르게 흘러. 이곳에 바닷물이 빠르게 흐르는 이유는
밀물과 썰물 때문이야. 밀물과 썰물의 방향은 정반대이지.
적군은 밀물을 타고 울돌목 쪽으로 깊숙이 들어왔어.
이순신 장군은 바다의 흐름이 바뀌길 기다렸지.
점심때가 지나 썰물이 되자, 우리 함대는 썰물을 타고 앞으로
나아가며 적군을 공격했어. 적군은 반대로 흐르는 바닷물에
배가 자꾸 뒤로 밀려나고, 너무 좁아서 방향을 바꾸다가
서로 부딪치면서 우왕좌왕하다가 크게 패하고 말았지.

밀물과 썰물은 달 때문이라고?

밀물과 썰물이 생기는 것은 달이 지구를 잡아당기기 때문이야.
육지는 딱딱하니까 변화가 없지만, 바다는 액체라서 달의 인력에 따라 크게 움직여.
달을 향한 쪽은 물이 몰려서 밀물이 되고, 달의 반대편도 물이 몰려서 밀물이 돼.
자동차를 타고 커브 길을 지나갈 때 몸이 바깥쪽으로
쏠리는 원심력을 느끼는 것처럼 달에 의해 당겨진
지구 반대편에도 원심력이 생기거든.
양쪽으로 바닷물이 몰렸으니 달과 직각인
곳에 있는 지역은 썰물이 되지.
지구는 자전을 하니까 달을 향하는
면이 계속 바뀌어서 몇 시간 간격으로
밀물과 썰물이 반복돼.

지구를 잡아당기는 천체가 하나 더 있지. 바로 태양이야.
태양도 역시 밀물과 썰물을 일으켜. 너무 멀리 있어서 그 힘이 달보다는 약하지만.
대신 달-지구-태양이 일직선에 있는 망(보름)과 삭(그믐)일 때는,
달도 태양도 같은 방향으로 잡아당기는 힘이 생겨서 아주 큰 밀물이 만들어져.
이때를 **사리**라고 해. 달-지구-태양이 직각으로 위치하는 반달일 때는,
원래 달이 만드는 밀물보다 더 적은 바닷물이 모여. 이때를 **조금**이라고 해.

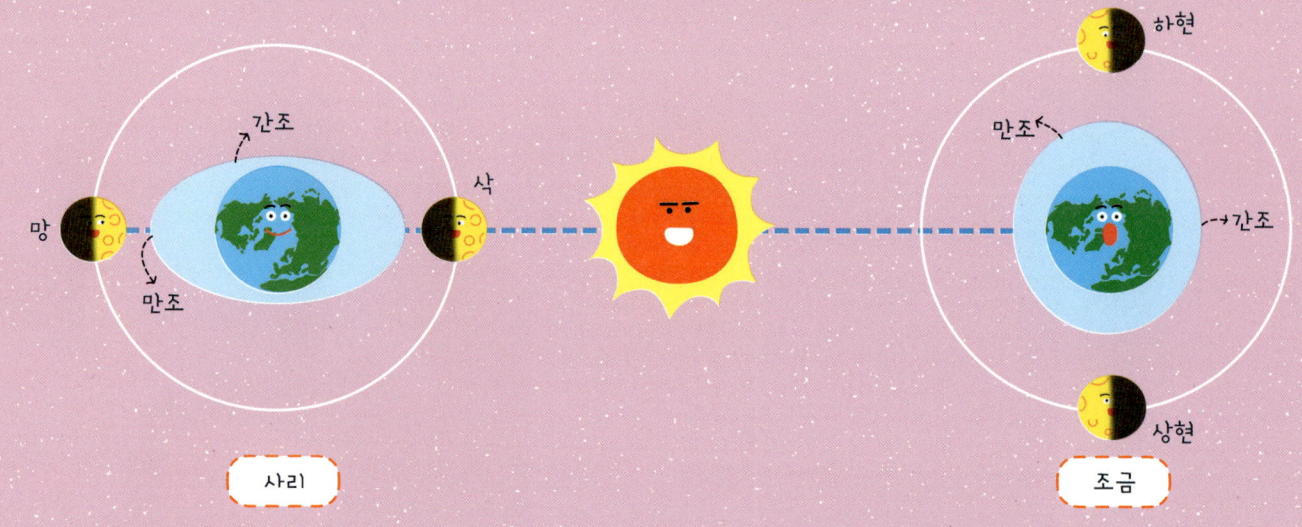

> **키노트**
> 하루에 두 번 바닷물이 높아졌다 낮아졌다 하는 현상을 밀물과 썰물, 즉 조석 현상이라고 해. 달과 태양과 지구가 서로 잡아당기는 중력을 따라 바닷물이 움직이는 거야.

미니퀴즈 궁금증 더하기

왜 동해안에는 갯벌이 별로 없을까?

서해안, 남해안과 달리 동해안에는 갯벌이 별로 없어. 왜 그럴까?

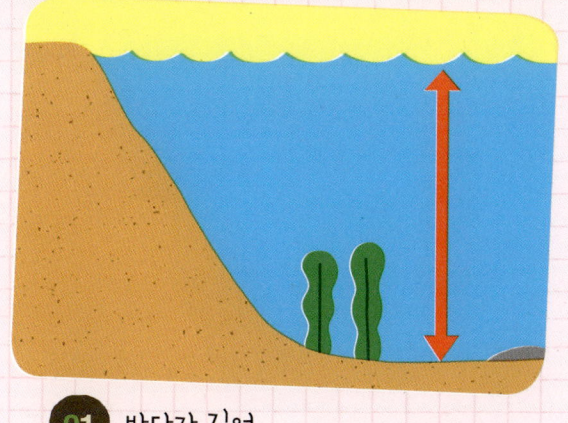

01 바다가 깊어.

02 밀물과 썰물의 차이가 작아.

03 파도가 세게 쳐.

04 퇴적물이 적어.

정답 · 01, 02, 03, 04

갯벌은 밀물과 썰물의 차이가 큰 해안에 오랫동안 퇴적물이 쌓여 만들어져.
서해안은 바다 깊이도 얕고, 한강, 금강 등 큰 강물로부터 어마어마한 양의 퇴적물이 쌓여.
동해안은 바다가 깊고, 파도가 세게 쳐서 퇴적물이 쌓이기 어려워.

대기는 슈퍼 파워 보호막!

초5 날씨와 우리 생활
중3 기권과 날씨

지금 내 등이 너무 화끈거려.
바닷가에서 2시간쯤 놀았을 뿐인데,
등이 온통 빨개진 것도 모자라
피부가 살짝 벗겨지기까지 했어.
아주 살짝 스치기만 해도 쓰라려서
옷도 못 입고 있다고.
결국 피부과에 가서 치료받고
약 바르고 엎드려 있는 중이야.
다음부터는 부모님 말씀처럼
선크림을 듬뿍 발라야겠어.
햇빛이 이렇게 무서운 것이었다니!

자외선 때문이야!

한여름의 쨍쨍한 햇빛 아래에서 놀다 보면 얼굴과 팔다리가 빨갛게 익었다가 갈색으로 변해.
그런데 더 오래 놀면 빨갛게 익은 피부가 살짝 벗겨져.
태양으로부터 온 **자외선** 때문에 화상을 입은 거야.
하지만 그나마 지금 지표면까지 도달하는 자외선은 약한 자외선이라는 사실!
지금보다 조금이라도 더 센 자외선이 들어오면 정말 큰일 날 거야.

오존층은 해로운 자외선을 막아 줘

자외선은 세기에 따라 자외선 A, B, C로 구분하는데,
가장 강한 자외선인 C는 모두 오존층이 막아 주고 있어.
오존층이라고 하면 마치 얇은 막이 지구를 둘러싸고 있는 것 같지만,
오존(O_3) 분자가 많이 모여 있는 상공 20~30km 구간을 **오존층**이라고 해.
지구 *대기 속에 있는 오존의 90%가 이곳에 모여 있어.
강한 자외선은 세포를 파괴해서 위험해.
피부암, 백내장을 일으키고, 식물이 자라는 것도 방해하거든.
오존층이 사라진다면 선크림도 아무 소용이 없어.
1985년에 남극에서 커다란 오존층 구멍이 발견되어 세계가 깜짝 놀랐어.
범인은 헤어스프레이나 냉장고의 냉매로 사용하던 **프레온 가스(CFC)**였지.
전 세계가 더 이상 프레온 가스를 사용하지 않기로 약속한 덕분에
다행히 지금은 오존층이 천천히 회복되고 있어.

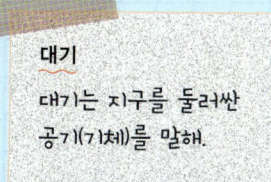

대기
대기는 지구를 둘러싼 공기(기체)를 말해.

지구 대기에는 자외선을 막아주는 오존층뿐만 아니라,
지구의 생명을 유지시키고 보호하는 여러 가지 기체들이 포함되어 있어.
대기는 우리들의 슈퍼파워 보호막이라고 할 수 있지!
대기권은 대류권, 성층권, 중간권, 열권으로 나누어져.

나는 슈퍼파워 보호막!

열권

중간권 다음부터 약 100km 이상까지.
*오로라 현상은 약 80~600km 사이에서 일어나.
지구 주위를 돌고 있는 국제 우주 정거장과 위성들이 있어.

오로라
태양에서 날아온 고에너지 입자가 지구의 대기와 충돌하면서 빛을 내는 현상이야.

중간권

성층권 다음부터 약 80km 높이까지.
별똥별이 본격적으로 타기 시작하는 곳이야.

성층권

대류권 다음부터 약 50km 높이까지.
오존층이 있고, 바람이 불지 않는 층이야.
대류권과 성층권의 공기를 모두 합치면 지구 대기의 99.9%야.

대류권

지표면에서부터 약 10km까지.
지구 대기 전체의 90%가 있어.
공기 움직임이 활발해서 비, 구름, 태풍 등 날씨 현상이 일어나.

우주로부터 날아오는 돌을 막아 줘

별똥별을 보고 소원을 빌어 본 적 있니?
반짝이는 긴 꼬리를 그리며 내려오다가 사라지는 별똥별의 정체는 무엇일까?
지구 근처에 있던 우주 돌멩이가 지구로 떨어질 때 지구 대기 속에 있는
수많은 기체 분자들과 거세게 부딪히면서 점점 뜨거워져 타 버리는 장면이지.
아주 가끔 큰 돌멩이가 들어오면 대기 중에서 모두 타지 못하고 지표면까지
떨어질 때가 있어. 땅 위에서 발견된 우주 돌멩이를 **운석**이라고 해.
운석은 지금도 1분에 3개씩 지구 대기로 진입하고 있어.
너무 작거나 태양이 너무 밝은 낮이라 안 보이는 것뿐이지.
만약 대기가 없었다면 하늘에서 떨어지는 돌조각들 때문에
산책은 꿈도 꾸지 못할걸.

생물의 몸을 드나들며 생명을 지켜 줘

지금부터 숨 참기 시합을 해 볼까?
자, 스톱워치를 준비하고, 숨을 크게 들이마시고, 코를 막고, 준비, 시작!
1분이 정말 긴 시간이었다는 것을 깨닫게 될 거야.
보통 1분에 20번씩 호흡하고 있지만, 그걸 의식하면서 숨을 쉬지는 않았지.
대부분의 생물은 산소를 들이마시고, 이산화탄소를 내뱉으면서 숨을 쉬어.
식물은 이산화탄소를 들이마시고 산소를 내뱉으며 맛있는 포도당을 만드는 **광합성**을 해.
현재 지구 대기의 약 78%는 질소, 약 21%는 산소, 약 1%는 나머지 여러 가지 기체들로 구성되어 있어.

지구의 온도를 일정하게 지켜 줘

온실처럼 지구의 기온을 지켜 주는 역할을 하는 기체를 **온실 기체**라고 불러.

이산화 탄소와 수증기는 전체 대기 중에 얼마 없지만, 중요한 온실 기체야.

태양열로 인해 따뜻해진 지구는 우주로 자기의 열을 내보내.

온실 기체는 지구가 내보내는 열을 흡수해서 간직하고 있다가 지구와 우주로 열을 내보내.

덕분에 밤에도 지구의 기온이 영하로 떨어지지 않지.

대기가 없는 달을 보면 온실 기체가 얼마나 중요한지 알 수 있어.

달은 낮에 100°C 넘게 올라가고, 밤에는 영하 100°C로 떨어지거든.

대기 역시 바다처럼 지구 전체를 순환하면서 적도의 남는 열을 극지방으로 전달해 줘.

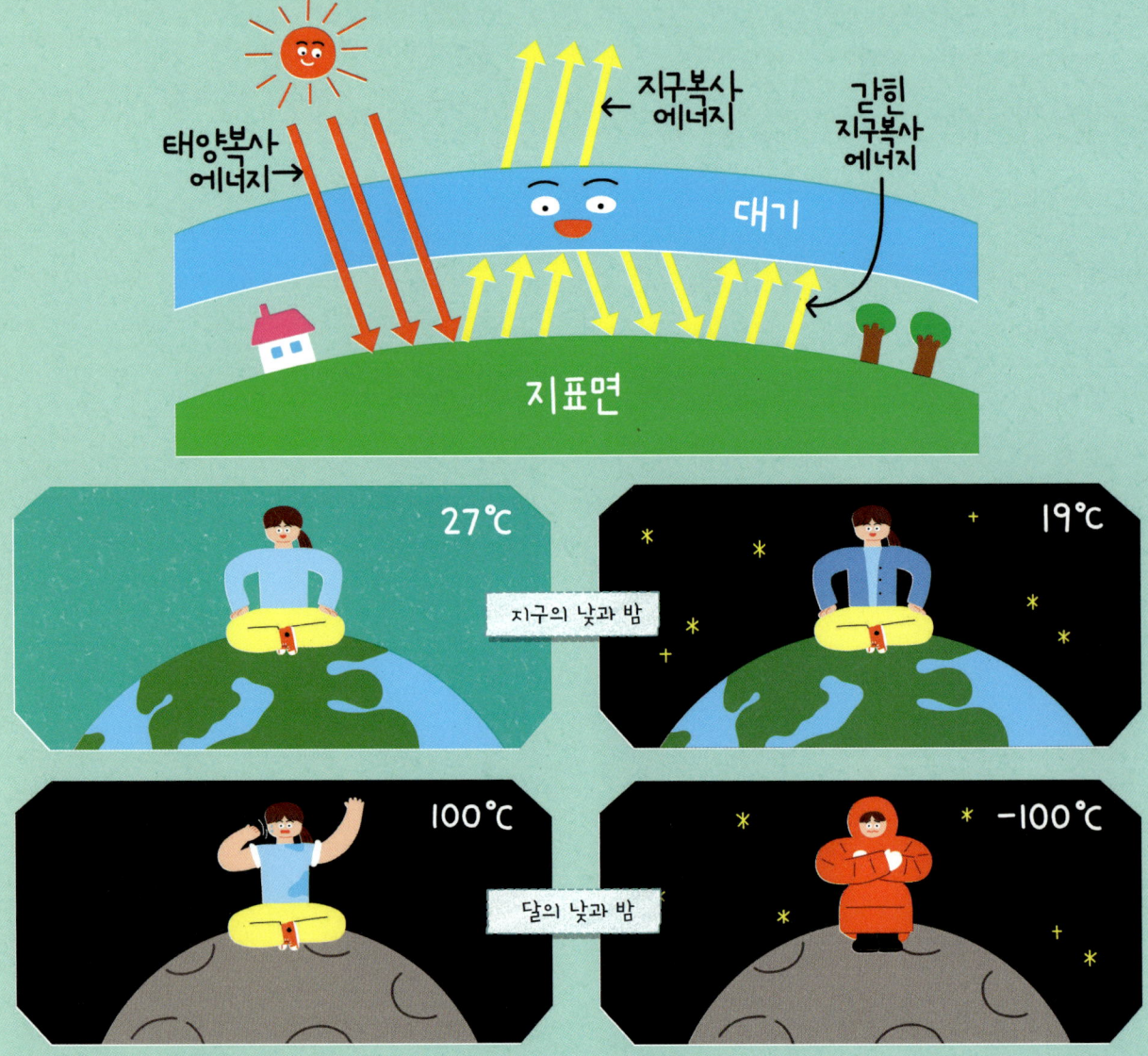

키노트

지구의 대기는 대류권, 성층권, 중간권, 열권으로 나눌 수 있어.
전체 대기 중 90%가 대류권에 있고, 대류권에서 구름, 비, 눈, 태풍 등 날씨 현상이 일어나.
성층권에 있는 오존층은 자외선을 막아주고, 지구로 떨어지는 우주 돌멩이는 중간권에서부터 타오르기 시작하지. 열권에서는 아름다운 오로라가 만들어져.

미니퀴즈 궁금증 더하기

사람은 몇 m까지 올라갈 수 있을까?

헉헉, 위로 올라갈수록 급격히 산소가 부족해져. 그렇다면 과연 사람은 몇 m까지 산소통 없이 올라갈 수 있을까?

01 500m   **02** 8,849m   **03** 10,000m

8,849 m

정답 · 02

산소가 부족한 고산 지대에서는 숨쉬기가 힘들어지고, 어지럼증을 느끼거나 폐가 부풀어 심한 통증이 생겨.
이러한 현상을 고산병이라고 해.
일반적으로 5,000m 정도만 올라가도 지표면에 있는 공기량의 절반밖에 없어.
오랜 기간 저산소 환경에 적응하는 훈련을 해야만 하지.
8,849m인 에베레스트산 정상의 공기량은 지표면의 1/3밖에 없어.
현재까지 인간이 산소통의 도움 없이 올라갈 수 있는 최고 높이야.

비행기 안에서 왜 귀가 먹먹할까?

초5 날씨와 우리 생활
중3 기권과 날씨

두근두근. 지금 심장이 터질 것 같아.
태어나서 처음으로 비행기를 탔거든.
구구구 쉬잉- 쿠우우우!
요란한 소리를 내며 비행기가
아주 빠르게 달리기 시작했어.
그리고 어느 순간 붕 하는 게 느껴지더니,
내가 하늘 위를 날고 있더라고!
그런데 귀가 먹먹해. 귀가 이상해진 건가?
"침을 꿀꺽 삼켜."
아빠 말씀대로 침을 삼키니까 귀가 뻥 뚫렸어.
왜 갑자기 귀가 먹먹해졌던 걸까?

비행기를 탈 때 알아 두면 좋은 팁!

비행기가 이륙할 때 귀가 막힌 듯이 먹먹해지는 걸 느껴 봤을 거야.
높은 산에 올라갈 때, 아주 빠르게 달리는 고속 열차를 탈 때도 비슷한 일이 일어나지.
우리 귀에는 고막이라는 얇은 막이 있는데, 소리를 감지할 수 있어.
높은 곳에 올라가거나 빠르게 움직이면 바깥 공기의 양이 확 줄어들어서
몸 안에 있는 공기들이 고막을 눌러 귀가 먹먹해진 거야.
침을 삼켜 몸 안팎의 공기량을 조절해 주면 괜찮아져.
기체는 자유롭게 돌아다니려는 성질이 있거든.
풍선을 불면 점점 커지잖아. 풍선 안에 들어간 기체의 양이 많아지면
바깥으로 미는 힘도 세지거든. 기체도 힘이 세서 풍선을 계속 불면 결국 터지게 돼.
비행기를 타거나 높은 산에 올라간다면 빈 페트병을 꼭 하나 챙겨가 봐. 깜짝 놀랄 거야.

비행기 안에서 빈 페트병 뚜껑을 열었다 닫아 봐.

비행기가 착륙했을 때 페트병을 확인하면 찌그러져 있어.

높은 산에 올라가서 빈 페트병 뚜껑을 열었다 닫아 봐.

산에서 내려와서 페트병을 확인하면 찌그러져 있어.

저기압과 고기압은 비교쟁이

공기가 미는 힘을 **기압**이라고 해.
주변보다 공기의 양이 적어서 기압이 낮으면 **저기압**이고,
주변보다 공기의 양이 많아서 기압이 높으면 **고기압**이지.
공기는 고기압에서 저기압으로 움직여. 공기가 일정한 방향으로 한꺼번에 움직이는 게 **바람**이야.
두 지점의 기압 차이가 크면 그 사이에는 센 바람이 불고, 기압 차이가 적으면 약한 바람이 불어.

저기압과 고기압의 날씨

저기압인 곳은 주변에서 몰려든 공기들이 위로 올라가면서 구름을 만들어.
그래서 저기압일 때는 날씨가 흐리고, 비가 내릴 때가 많아.
기분이 안 좋을 때 '저기압'이라는 표현을 쓰기도 해.
저기압일 때 하늘이 잔뜩 찌푸려지고 천둥 번개가 치는 거랑 비슷해서 그런가 봐.
반대로 상공에 있던 공기가 내려와 주변보다 고기압이 된 곳은 맑고 파란 하늘을 볼 수 있지.
기압에 따라 날씨가 달라지는 거야.

요리조리 실험실 — 풍향계로 고기압과 저기압을 확인하자!

바람이 불어오는 방향을 알면 어디가 고기압이고, 어디가 저기압인지 알 수 있어.
바람의 방향을 알 수 있는 풍향계를 만들어 보자.

준비물 종이컵, 점토, 빨대, 수수깡, 색종이, 가위, 침핀, 양면테이프, 송곳

1. 빨대의 한쪽 끝에는 세모로 자른 색종이를, 반대쪽 끝에는 네모로 자른 색종이를 양면테이프로 붙여서 화살 모양을 만들어.

2. 종이컵을 뒤집어 놓고, 가운데를 송곳으로 구멍을 뚫어.

송곳은 위험하니까 조심해! 어른에게 부탁해도 좋아.

3. 구멍에 수수깡을 끼워 넣고, 종이컵과 수수깡 사이를 점토로 꼼꼼하게 둘러서 수수깡이 움직이지 않도록 고정해.

4. 수수깡 위에 빨대 화살을 얹고, 침핀으로 고정해.

침핀을 사용할 때도 조심, 조심!

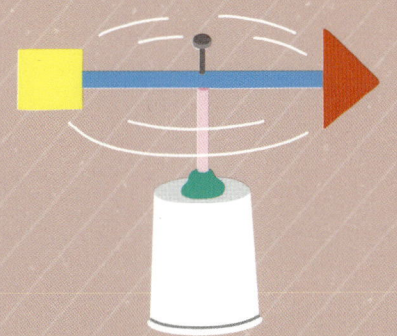

5. 빨대 화살이 자유롭게 회전하면 완성!

6. 선풍기 앞에서 시험해 보고, 밖에 나가서 놓아 봐!

이쪽이 고기압이야!

우리나라 주변의 고기압들

우리나라 주변에는 성질이 다른 네 가지 고기압 공기 덩어리들이 자리 잡고 있어.
한군데 오래 머물러서 그 지역의 특징을 닮은 공기 덩어리를 **기단**이라고 해.

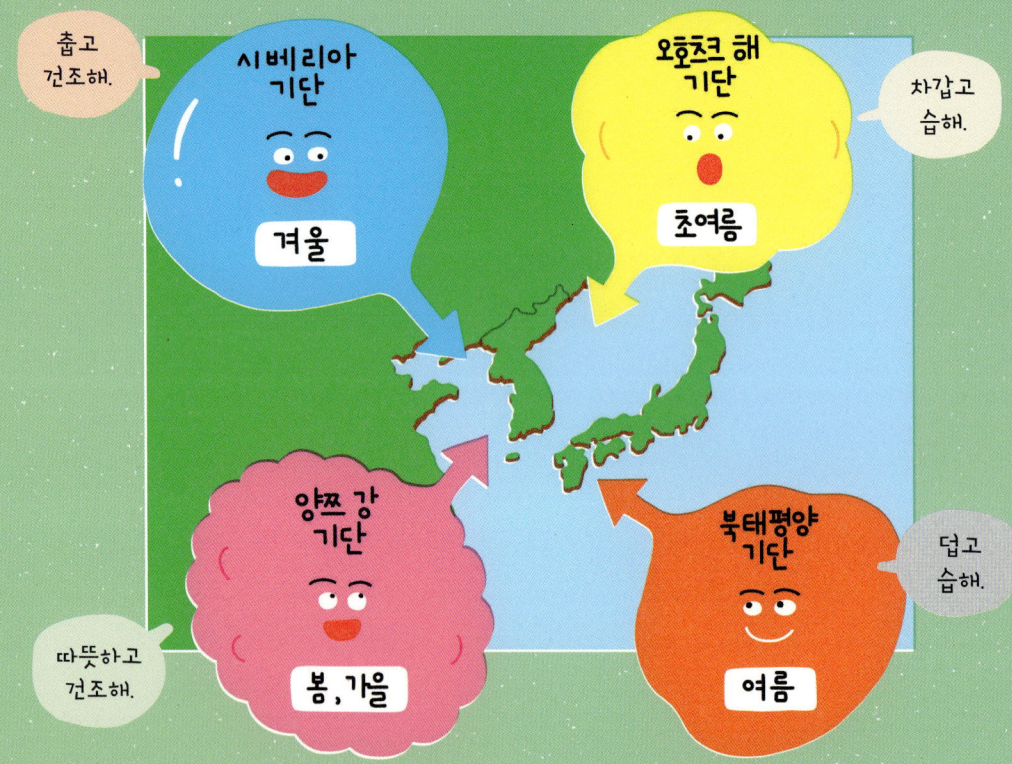

육지에 머무르던 기단은 건조하고, 바다에 머무르던 기단은 습하지.
북쪽에 머무르던 기단은 차갑고, 남쪽에 머무르던 기단은 따뜻해.
네 가지의 서로 다른 기단이 번갈아 우리나라에 영향을 주기 때문에 계절별로 날씨가 달라져.
봄과 가을에는 서쪽 대륙에 머물던 작은 고기압 기단이 다가와.
따뜻하지만 건조해서 가뭄이 생기지. 서쪽 사막에 있는 모래 먼지를 싣고 와서 **황사**를 일으키기도 해.
초여름에는 태평양에 머물던 고기압의 세력이 커져서 위로 올라와 차가운 고기압 기단과 만나.
두 바다 기단이 세력 싸움을 하면서 우리나라에는 며칠 동안 계속 비가 내려.
이게 바로 **장마**야. 그러다 점점 따뜻한 공기의 힘이 세지면서 우리나라 전체를
따뜻하고 습한 기단이 차지해. 무덥고 습한 한여름이 된 거지.
겨울이 되면 시베리아에 있던 기단이 내려와.
시베리아 고기압 기단이 있는 북쪽에서 거센 바람이 불어오지.
우리나라의 변화무쌍한 날씨는 우리나라 주변에 있는 거대한 기단들 때문이야.

키노트

바람은 많은 공기가 한꺼번에 움직이는 현상이야. 공기가 모여 있는 고기압에서 저기압으로 바람이 불어. 우리나라 주변에는 시베리아 기단, 양쯔강 기단, 오호츠크해 기단, 북태평양 기단이라는 커다란 고기압들이 있어. 겨울에는 차갑고 건조한 시베리아 기단이 우리나라로 내려와서 춥고 건조한 날씨가 나타나는 거야.

미니퀴즈 궁금증 더하기

바닷가에서 바람 방향이 바뀌는 이유는?

바닷가에 가면 낮과 밤에 부는 바람의 방향이 정반대야.
낮에는 바다에서부터 바람이 불어오는데, 밤에는 육지에서 바다로 바람이 불거든. 왜 그럴까?

01 낮에는 바다가 고기압이고, 밤에는 육지가 고기압이라서

02 바다 공기는 낮에만 육지를 좋아해서

03 육지 공기가 사람들이 없는 밤에 바다에서 놀려고

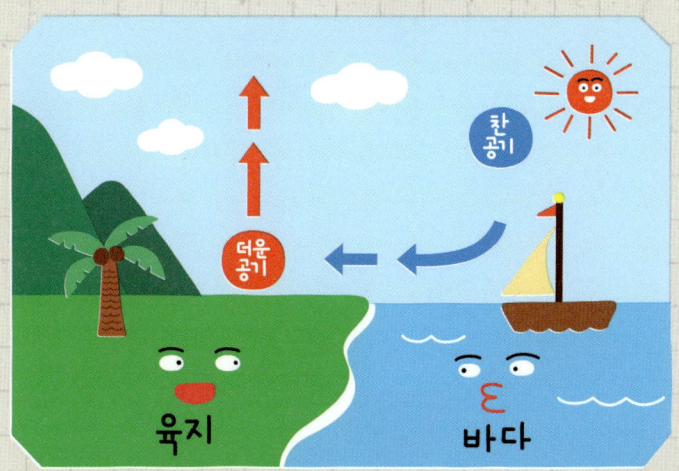
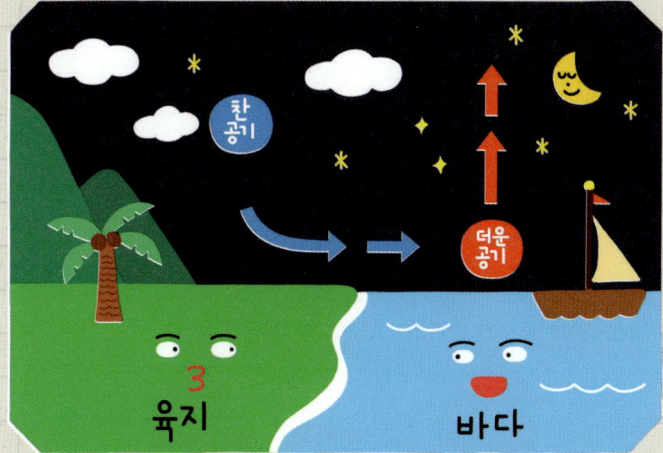

정답 · 01

낮에 태양이 비추면 지면이 따뜻해져. 그런데 육지가 바다보다 더 금방 데워지지. 한낮에 모래사장은 뜨거운데, 바닷물에 들어가면 시원하잖아. 따뜻해진 육지 공기는 위로 올라가서 상대적으로 저기압이 되고, 바다가 상대적으로 고기압이 돼. 바다에서 육지로 바람이 불지. 밤이 되면 지면이 식기 시작하는데, 육지가 더 빨리 식고, 육지 공기들도 가라앉아서 상대적으로 고기압이 돼. 육지에서 바다로 바람이 불지.

태풍은 왜 꼭 여름에 오지?

초4 물의 여행
초5 날씨와 우리 생활
중2 수권과 해수의 순환

"제13호 태풍이 북상하고 있습니다."
지금 우리 가족은 모두 TV 앞에 모여
일기 예보에 귀를 기울이고 있어.
내일은 계곡으로 가족 여행을
가기로 한 날이란 말이야.
하필 이때 태풍이 지나갈 게 뭐람.
차라리 겨울에 태풍이 오면 좋겠어.
어차피 너무 추워서 밖에서 많이 못 노니까.
꼭 밖에서 신나게 놀 수 있을 때
태풍이 온단 말이야.
태풍은 왜 겨울에는 안 오는 걸까?
여름에만 오는 비밀이 있나?

태풍이 오면?

루사, 매미, 곤파스, 볼라벤, 링링, 마이삭의 공통점은?
우리나라에 큰 피해를 준 태풍의 이름들이야.
주로 8~9월에 만들어진 태풍이 우리나라를 지나가.
태풍이란 강력한 열대 저기압이야.
태풍의 대표적인 특징은 두꺼운 구름, 거센 바람, 폭우지.
그래서 태풍이 올 때는 외출을 삼가고 시설물을 미리 점검하는 게 좋아.

태풍은 열대 바다에서 태어나

열대 지방의 바다는 아주 따뜻해서 바닷물의 증발량이 많아.
증발한 수증기는 위로 올라가고 지표면에는 저기압이 형성돼.
주변 공기들이 저기압의 중심으로 몰려오고
활발하게 위로 올라간 수증기들이 구름 방울이 되면서
내보내는 열에너지가 바로 태풍의 에너지원이야.
구름은 어마어마하게 두꺼워지고,
저기압 중심으로 회전하는 바람도 점점 세져.
열대 저기압의 풍속이 120km/h(킬로미터 퍼 아워)를
넘으면 드디어 '태풍'이 된 거야.
지역에 따라 허리케인, 사이클론이라고
부르기도 해. 고속 도로 제한 속도가
100km/h라는 것을 떠올려 보면
바람이 얼마나 센지 짐작할 수 있을 거야.

태풍의 소멸

태풍은 만들어진 자리에 그대로 있지 않고 주변 바람을 타고
점점 극지방 방향으로 이동해. 태풍의 경로와 이동 속도는 태풍마다 모두 달라.
기상 예보관들에게는 매년 이것을 정확하게 예측하는 것이 목표야.
일단 육지나 차가운 바다 지역까지 올라온 태풍은 세력이 점점 약해져.
따뜻한 수증기가 더 이상 없으니까 에너지원이 사라진 거지.
바람이 점점 약해지면서 두꺼운 비구름이 되었다가 소멸해.
그러니까 겨울에는 태풍이 우리나라 근처에 올 수가 없어.
어마어마한 양의 따뜻한 수증기가 내뿜는 에너지를 얻을 수 없으니까.

태풍도 눈이 있다?

태풍의 지름은 보통 400~600km야.
서울에서 부산까지 거리가 약 400km 정도니까 우리나라를 모두 덮을 정도로 커.
태풍을 찍은 인공위성 사진을 보면 가운데 구멍이 있는 것을 볼 수 있어.
태풍의 눈(eye)이라고 부르는 구멍이야. 강력한 태풍일수록 태풍의 눈이 뚜렷해.
태풍은 저기압이니까 바깥에 공기가 가운데로 모여서 상승하지.
상승한 공기들 중 일부가 상대적으로 회전이 약한 가운데로 몰려 내려와서 태풍의 눈이 만들어져.
태풍의 눈 속에서는 바람도 불지 않고, 비도 오지 않고, 구름 사이로 파란 하늘이 보이기도 해.

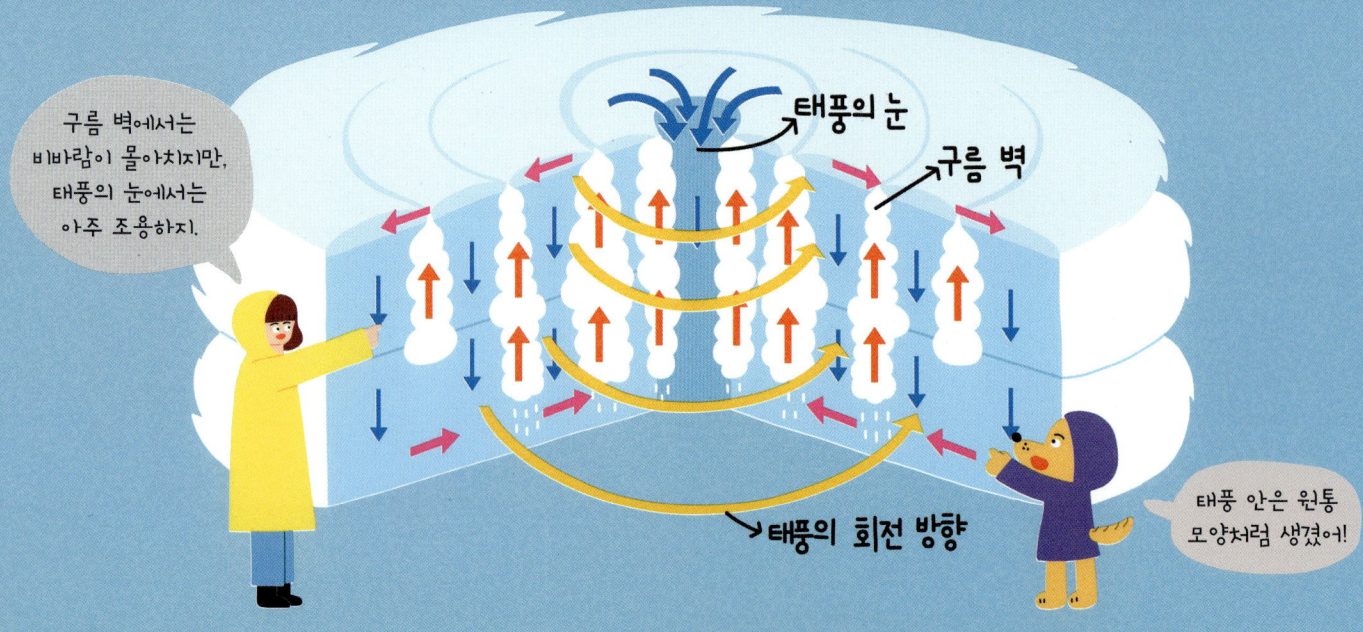

태풍은 오른쪽이 위험하다?

일기 예보를 보면, 태풍의 이동 경로를 예측하면서 오른쪽에 위치한 지역의 피해가 더 클 거라고 얘기해 줘. 우리나라는 평소에 서풍이 많이 부는 편서풍 지대에 위치해. 태풍은 반시계 방향으로 도는데, 오른쪽은 태풍의 회전 방향과 편서풍 방향이 같으니까 바람이 더 세게 불어. 왼쪽은 태풍의 회전 방향과 편서풍 방향이 반대라서 바람이 약해지지. 그래서 태풍의 오른쪽을 **위험 반원**이라고 불러.

 키노트

태풍은 바닷물의 온도가 27°C 이상인 따뜻한 바다에서 발생하는 거대한 회오리 구름이야. 막대한 양의 수증기가 구름을 만들면서 내뿜는 에너지로 시속 120km/h나 되는 강한 바람과 폭우를 쏟아 내면서 이동해. 강한 태풍의 가운데에는 바람이 거의 불지 않는 태풍의 눈이 있어.

미니퀴즈 궁금증 더하기

지구는 태풍이 왜 필요한 걸까?

태풍이 오면 강한 비바람으로 지붕이 뜯어지고, 곳곳에서 홍수가 발생해서 논밭은 물론 집도 부서지고, 산사태도 일어나. 그야말로 엉망진창이 되어 버리지. 이런 태풍은 왜 발생하는 걸까? 태풍도 좋은 점이 있는 걸까?

01
적도의 열을 극지방으로 옮겨 줘.

02
대기를 맑게 해.

03
녹조나 적조를 제거해.

04
가뭄을 해소해.

정답 · 01, 02, 03, 04

바다와 대기는 끊임없이 순환하며 적도의 남는 열을 극지방으로 옮기고 있어. 가장 많은 열을 한꺼번에 전달하는 방법이 바로 태풍이지. 태풍의 강력한 바람은 넓은 지역의 공기를 섞어 버려서 대기 오염이 해소돼. 마찬가지로 태풍으로 생긴 거센 파도가 바닷속 깊은 곳까지 휘저어 녹조나 적조가 제거되지. 물이 부족한 지역에 가뭄을 해소해 주기도 해.

구름을 타고 다닐 수 있을까?

초4 물의 여행
중3 기권과 날씨

학교 과학 축제에서 솜사탕을 만들었어.
기계 가운데 구멍에 설탕을 넣었을 뿐인데,
순식간에 설탕 구름이 만들어지다니!
하늘에 떠 있는 구름도 이렇게 폭신폭신할까?
한번 만져보고 싶은데 말이야.
그랬더니 선생님이 말씀하셨지.
"구름 속에 들어가 본 적이 있을 텐데?"
"네? 제가요?"
"안개나 구름이나 같은 상태거든."
앞이 안 보이도록 뿌옇고 축축한 안개가
구름이라고? 이게 정말일까?

아쉽지만 구름을 타고 날아갈 순 없어

토끼 구름, 게임기 구름, 치즈 구름….
하늘에 떠 있는 구름은 한 번도 똑같은 모양이었던 적이 없어. 매우 다양하지.
폭신폭신한 구름을 타고 어디든 갈 수 있다면 얼마나 좋을까?
하지만 아쉽게도 구름은 절대 탈 수가 없어.
그걸 어떻게 아냐면, 우리는 주변에서 가끔 구름을 직접 만날 수가 있거든.
새벽에 온도가 낮아지면 공기 중에 수증기들이 열을 빼앗기고 아주 작은 물방울이 돼.
수없이 많은 물방울이 지표면 가까이에 자욱하게 깔린 상태가 **안개**야.
해가 뜨고 지표면이 점점 따뜻해지면 안개 방울이 모두 다시 수증기로 증발해서 사라지지.
구름도 안개처럼 셀 수 없이 많고 작은 물방울들이 모인 거야.
안개와 다른 점은 하늘에 떠 있다는 점이지.
구름이 만들어지려면 공기가 위로 올라가야 해.

뭉게구름이 생겨

지표면에 있던 공기 덩어리가 위로 올라가.
위로 갈수록 주변 기압이 낮아지니까 이 공기 덩어리는 점점 커져.
덩어리 크기를 키우는 데 에너지를 써서 공기의 온도는 낮아지지.
수증기들이 모여 작은 물방울이나 얼음 알갱이를 만들기 시작해.
수많은 물방울과 얼음 알갱이가 모여 하얗게 보이는 것이 바로 **구름**이야.
추운 지역의 구름 속에는 대부분 얼음 알갱이이고,
더운 지역의 구름 속에는 물방울이 많지.
수증기가 많이 공급되면 그만큼 많은 구름 방울들이 생겨서 구름이 두꺼워.
구름이 두꺼워지면 햇빛을 흡수해서 회색빛으로 보여.
회색 구름은 아주 두꺼운 구름이라서 비가 내릴 가능성이 아주 커.

비나 눈이 내리는 이유

구름 속 기온이 영하로 떨어지면 얼음 알갱이에 수증기가 달라붙으면서 점점 커져.
기온과 수증기량에 따라 다양한 모양의 얼음 알갱이가 만들어지지.
구름을 밀어 올리고 있는 바람의 힘보다 구름 알갱이들이 더 무겁게 성장하면
드디어 땅으로 떨어질 수 있어.
얼음 알갱이가 그대로 떨어지면 눈, 처음에 떨어질 때는 **눈**이었는데,
따뜻한 기온 때문에 녹으면 **비**가 내리는 거야.
더운 지역의 구름 속에서는 작은 물방울들이 서로 합쳐져서
빗방울이 만들어지기도 해.
구름이 잔뜩 낀 흐린 날씨인데, 정작 비는 안 내릴 때도 많아.
구름 방울들이 모여 빗방울이 되려면 100만 배로 커져야 하니까 쉽지 않거든.

요리조리 실험실 돋보기로 눈송이를 관찰하자.

눈이 내리면 돋보기로 눈송이를 관찰해 봐. 너무 예뻐서 반할지도 몰라.
겨울에 날씨가 포근할 때는 여러 눈송이가 뭉쳐 함박눈이 내려.
함박눈이 내릴 때는 부지런히 눈싸움도 하고, 눈사람도 만들어야지.
바람이 세고 쌀쌀한 날씨에는 작게 부서진 싸라기눈이 내려.
소금 가루 같기도 하고, 설탕 가루 같기도 하지.
확실한 건 눈사람을 만들기는 글렀다는 사실.

키노트

구름은 아주 작은 물방울과 얼음 알갱이가 아주 많이 모여 있는 거야.
구름 속을 통과할 때는 마치 안개 속을 걷는 것과 비슷한 느낌이지.
응결핵을 중심으로 구름 방울들이 뭉쳐 점점 커지면 눈이나 비가 되어 땅으로 떨어져.
회색빛 두꺼운 구름이 하늘을 뒤덮었다면 우산을 준비하는 게 좋을 거야.

미니퀴즈 궁금증 더하기 공기는 언제 상승할까?

구름이 만들어지려면 공기가 상승해야 해. 공기는 언제 어떻게 왜 위로 올라가는 거야?

01 이동하다가 산을 만났을 때

02 지표면이 따뜻해졌을 때

03 따뜻한 기단과 차가운 기단이 만났을 때

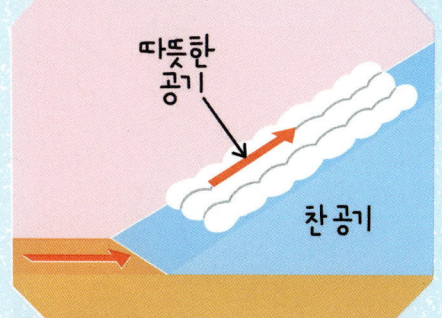

바람이 갑자기 커다란 산을 만나면 공기가 상승해서 구름이 만들어져. 그래서 높은 산의 날씨는 변덕스럽고, 안개가 자주 생겨.

따뜻한 공기는 밀도가 작아져서 위로 올라가. 한여름 도시에 내리는 소나기는 아스팔트 때문에 뜨거워진 공기가 빠르게 상승해서 갑자기 비구름을 만들었기 때문이야.

따뜻한 기단과 차가운 기단이 만나면 따뜻한 기단이 차가운 기단 위로 올라가면서 구름이 만들어져.

깨끗한 공기 사세요!

초5 날씨와 우리 생활
중3 기권과 날씨

미세 먼지 농도가 매우 나쁜 수준이라고 해.
어제도 밖에서 못 놀았는데,
오늘도 이틀 연속 매우 나쁨!
마스크는 또 얼마나 귀찮고 답답한지 몰라.
그런데 눈이 번쩍 뜨이는 광고를 보았어.
세상에, 깨끗한 산에서 채집한 공기를 판대!
엄마한테 공기를 사 달라고 해 볼까?
아, 깨끗한 공기로 숨 쉬고 싶다.
그럼 공기통을 매고 등교해야 하는 건가?

공기 판매
깨끗한 산에서 채집한 공기를 판매!

맑은 공기가 이렇게 소중해지다니

미세 먼지 농도가 좋음인 날 동네 산에 올라가서 심호흡하면 그렇게 기분이 상쾌할 수가 없어.
그 기분을 떠올리자면 공기 캔을 하나 사 보고 싶기도 해.
하지만 뚜껑을 열고 숨을 한번 크게 들이쉬는 순간, 주변 공기와 금방 섞여 버릴 거야.
도대체 이 미세 먼지는 어디서 생긴 걸까?

공기 중에 떠돌아다니는 작은 물질은 모두 미세 먼지

사실 우리 주위에는 먼지가 많아.
평상시에는 잘 안 보이지만, 창문을 열고 청소할 때
집 안으로 들어온 햇살에 비친 먼지들을 본 적이 있을 거야.
그렇게 눈에 보이는 먼지들은 큰 먼지야.
콧속에 있는 털과 끈적한 점액들에 붙들려서 몸 안으로 들어오지 못하지.
눈에 보이지 않을 정도로 작은 먼지들을 **미세 먼지**라고 불러.
머리카락 두께의 1/5 정도로 작은 먼지 크기를 *PM10이라고 표현해.
미세 먼지는 코와 입안에 있는 방어막을 유유히 통과해서 몸속으로 들어갈 수
있어서 문제야. 특히 미세 먼지보다도 작은 **초미세 먼지**는 PM2.5라고 표현하는데,
폐 속 깊은 곳까지 들어가 온몸의 세포에 전달되어 염증을 일으킬 수 있어.
꽃가루부터 화학 물질까지 모두 미세 먼지가 될 수 있지.

> **PM10**
> 'Particulate Matter Less than 10㎛'라는
> 뜻으로, 미세 먼지 입자의 크기가
> 10㎛(마이크로미터) 이하인 먼지를 말해.

머리카락
50~70㎛

바다 모래
90㎛

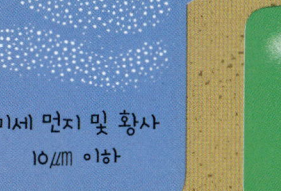

미세 먼지 및 황사
10㎛ 이하

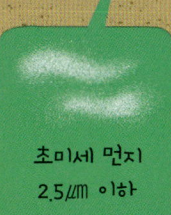

초미세 먼지
2.5㎛ 이하

자연에서 생기는 미세 먼지

산불이 나면 검은 그을음이 마구 피어올라. 집 안에서 초를 켤 때도 그을음이 생기지.
화산이 터졌을 때 나오는 밀가루만 한 화산재들은 오랫동안 대기 중에 머물기도 해.
봄, 여름이면 우리 눈에 보이는 크기부터 보이지 않는 크기까지
다양한 꽃가루들이 날아다녀.
몽골, 중국 사막에서부터 날아오는 황사 속에도 미세 먼지가 있지.
먼지가 폴폴 날리는 운동장의 흙먼지도 있어.
자연적으로 발생한 미세 먼지들은 상대적으로 크기가 크고,
인체에 유독한 물질도 적은 편이야.

인위적으로 발생한 미세 먼지

문제는 과학 기술이 발전하면서 만들어 낸 미세 먼지들이지.
훨씬 유독하고, 양도 많아. 산업이 발전하면서 공장과 발전소가 세워지고,
인구가 많아지면서 난방을 위한 연료가 많이 필요해졌지.
수억대에 달하는 자동차가 움직이기 위해서도 연료가 필요하고.
석탄, 석유를 태우면 유독한 미세 먼지가 많이 생겨.
쓰레기들을 태우는 소각장에서도, 고기와 생선을 구울 때도, 담배를 피울 때도,
도로를 씽씽 달리면서 닳는 타이어에서도 미세 먼지가 생겨.
특히 중국과 인도처럼 인구가 많고 한창 산업이 발전하고 있는 국가들에서
미세 먼지가 많이 발생하고 있어. 보통 미세 먼지 수치가 151$\mu g/m^3$ 이상이면
'매우 나쁨'으로 예보하는데, 중국 베이징의 미세 먼지 수치는 900$\mu g/m^3$를 훌쩍 넘기기도 해.
베이징의 오염 물질은 약 3일 후에 우리나라에 영향을 준다고 해.

좋음
0~30$\mu g/m^3$

실외 활동 지장 없음.

보통
31~80$\mu g/m^3$

몸 상태에 따라 유의하여 활동.

나쁨
81~150$\mu g/m^3$

장시간 무리한 실외 활동 자제.
특히 호흡기, 심혈관 질환자,
노약자는 주의 필요.

매우 나쁨
151~ $\mu g/m^3$

실내 활동으로 제한.

미세 먼지 속에서 살아남기

미세 먼지가 심할 때는 되도록 외출하지 않는 게 좋아. 어쩔 수 없이 나가야 할 때는 미세 먼지 차단용 마스크를 써.

물을 자주 마시면 코와 입 안 점막이 튼튼해지고, 미세 먼지 배출에도 도움이 돼.

하지만 미세 먼지를 완전히 피할 수는 없어.
그러니까 더 중요한 건 미세 먼지가 생기지 않도록 하는 거야.

 **키노트**
미세 먼지는 공기 중에 떠다니는 아주 작은 입자들이야.
산불, 꽃가루, 황사 등 자연적으로도 만들어지지만, 대부분은 자동차의 배기가스나 화력 발전소와 공장에서 발생해. 미세 먼지가 나쁨 이상인 날에는 물을 자주 마시고, 마스크를 꼭 쓰고 다녀야 해.

미니퀴즈 궁금증 더하기 | 스모그(Smog)란 무엇일까?

대도시나 공업 도시에서 자주 발생하는 현상 중에 스모그가 있어. 무슨 뜻일까?

01 불맛 나는 스모키 치킨이야.   **02** 독가스를 발사하는 기술이지.   **03** 유독한 미세 먼지가 가득한 안개야.

정답 · 03

스모그는 대기 오염 물질들이 안개와 뒤섞인 현상으로, Smoke(연기)와 Fog(안개)를 합친 말이야.
수천 명이 호흡기 질환에 걸리거나 사망할 수 있을 정도로 독한 안개야. 런던, 로스앤젤레스, 도쿄 등 세계 주요 대도시에서 모두 대규모의 스모그 피해가 발생했어. 이후 석탄 사용을 줄이고 대기 오염을 줄이기 위해 노력했지. 그런데 2000년대 들어 중국과 인도에서 스모그가 자주 발생하고 있어. 미세 먼지 수치가 높은 날에 안개가 끼었다면 스모그를 조심해!

6개월 동안 산불이 났다고?

| 초5 | 날씨와 우리 생활 |
| 중3 | 기권과 날씨 |

만약 6개월 동안 산불이 꺼지지 않는다면 어떤 일이 벌어질까? 매캐한 검은 연기가 하늘을 뒤덮어 숨을 쉬기조차 힘들 거야. 안타깝게도 호주에서 정말 이런 일이 일어났어. 2019년 9월에 시작된 산불이 2020년 2월이 되어서야 다 꺼졌다는 거야. 그동안 대한민국 전체 면적보다 넓은 숲이 모두 타 버렸대. 뉴스에 나온 집을 잃은 수많은 사람과 불에 그을린 코알라 가족을 보고 나와 동생도 용돈을 모아 성금을 보냈어. 지구가 요즘 이상해져서 산불을 빨리 끌 수 없었다는데, 이게 도대체 무슨 일이지?

점점 건조해지는 호주의 봄

남반구에 있는 호주는 북반구에 있는 우리나라와 계절이 반대야.
우리가 무더위를 견디는 7, 8월에 호주는 추운 겨울이거든.
그러니까 9월이면 호주는 점점 따뜻해지는 봄이 시작되는 시기야.
보통 이 시기는 비가 거의 내리지 않고, 매우 건조한 시기라서 산불이 종종 일어나.
그런데 이번에는 가뭄이 너무 심각해서 불이 빠른 속도로 번져 나간 거야.
결국 6개월 동안이나 지속되었어.
비가 자주 내리는 여름이 되어서야 불길이 잡혔다고 해.

지구가 점점 따뜻해져

산업 혁명이 일어난 후에 기술이 빠르게 발전하면서
공장, 자동차, 보일러, 발전소가 급격히 증가했어.
어마어마한 양의 석탄과 석유를 태우기 시작했지.
문제는 태울 때 **온실 기체**인 이산화 탄소가 엄청나게
발생한다는 거지. 지구의 열에너지를 저장하는
이산화 탄소가 많아지니까 지구 전체의 기온이
올라가기 시작한 거야.
이 현상을 **지구 온난화**라고 해.

지구 곳곳에서 일어나는 기후 변화

기후란 보통 30년 동안 반복되는 날씨의 유형을 말하는데,
요즘은 과거 30년 동안 반복되던 패턴과 전혀 다른 일들이 갑자기 일어나.
인간의 활동으로 인한 지구 온난화 때문에 기후 변화가 일어나는 거야.

미국 동부는 기온이 영하 40℃까지 떨어지는 한파로 수십 명이 두 달간 집에 갇혀 지냈어.

전 세계적으로 점점 강력한 태풍이 만들어져서 매년 수백만 명의 이재민이 발생해.

유럽은 여름 기온이 40℃까지 치솟아 여름 한낮에는 가만히 앉아 있어도 숨쉬기 어려울 정도야.

투발루를 비롯한 태평양의 섬나라에 살던 사람들은 땅이 물에 잠기는 바람에 나라가 없어지고 다른 나라로 이사 갈 수밖에 없었대.

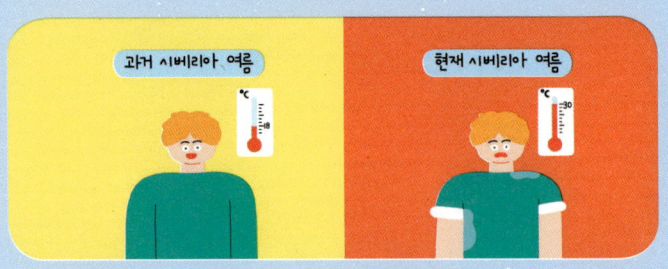

시베리아는 여름에 최고 18℃, 겨울에 영하 50℃까지 내려가는 지역이야. 요즘은 여름 한낮의 온도가 30℃가 넘고 산불도 5배나 자주 발생해. 높은 산꼭대기에 있던 만년설이 점점 사라져.

북극과 남극의 빙하가 녹아.
새하얀 빙하는 햇빛을 반사하는 역할을 하는데, 빙하가 점점 사라지면 지구로 흡수되는 태양 에너지의 양이 점점 많아져.

변하는 기후에 적응하지 못한 동식물들은 멸종하고 있어.
현재 지구 평균 기온은 산업 혁명 이전보다 약 1℃ 높아졌지.
과학자들은 2℃가 넘으면 더 이상 손쓸 수 없을 정도가 될 거라고 경고하는 중이야.

지구를 위한 약속, '파리 기후 변화 협약'

2015년 전 세계 대표들이 파리에 모였어. 이대로 계속 온실 기체를 배출한다면 우리 모두가 위험하다는 사실을 깨달았지. 무려 195개국이나 되는 나라들이 온실 기체를 줄이기로 약속했어. 몇몇 나라나 몇몇 사람들만 하는 게 아니라, 우리 모두가 적극적으로 약속을 지켜야 할 때야.

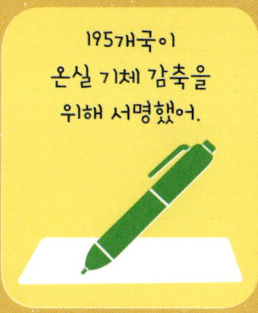
195개국이 온실 기체 감축을 위해 서명했어.

평균 온도가 1.5℃ 이하로 상승하도록 제한했어.

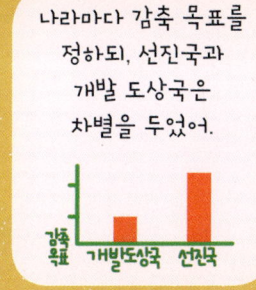
나라마다 감축 목표를 정하되, 선진국과 개발 도상국은 차별을 두었어.

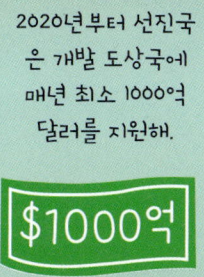
2020년부터 선진국은 개발 도상국에 매년 최소 1000억 달러를 지원해.

5년마다 감축 목표를 재검토해.

키노트 석탄, 석유 같은 화석 연료 사용량이 급격하게 늘어나면서 온실 기체인 이산화 탄소가 급격히 증가했어. 지구의 평균 기온이 올라가는 지구 온난화가 진행되면서 전 세계에서 기후 변화가 일어나고 있어. 이산화 탄소 배출을 줄이기 위해 우리가 할 수 있는 일을 고민하고 실천하자.

미니퀴즈 궁금증 더하기 지구를 지켜라!
기후 변화를 줄이려면 우리는 무엇을 할 수 있을까?

- 01 가까운 거리는 걸어 다녀.
- 02 비닐봉지와 일회용품 사용을 줄여.
- 03 안 쓰는 코드는 뽑고, 전기를 아껴.
- 04 고기보다는 채소를 더 많이 먹어.
- 05 친환경 제품을 구입해.

정답 · 01, 02, 03, 04, 05

걸어 다니면 자동차에서 나오는 온실 기체를 줄일 수 있어. 비닐봉지와 일회용품을 줄이면 원유 사용이 줄고, 온실 기체와 미세 먼지도 줄지. 전기를 아끼면 화석 연료 사용이 줄어드니까 온실 기체가 줄어. 가축을 많이 키우면 온실 기체가 많이 발생해. 채소를 많이 먹으면, 가축을 덜 키우게 되지. 환경을 위해 노력하는 기업의 제품만 사면, 다른 기업들도 노력할 거야.

왜 낮과 밤이 생길까?

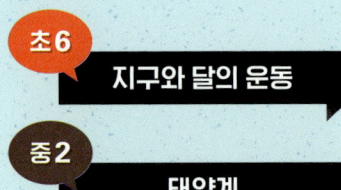

초6 지구와 달의 운동
중2 태양계

"어서 일어나! 밥 먹고 학교 가야지!"
나도 밥 먹고 학교 가고 싶은데,
눈꺼풀이 너무 무거워서 눈을 뜰 수가 없어.
거실로 나와 보니 벌써 밖이 환했어.
만약에 해가 뜨지 않아서 계속 밤이라면
더 많이 잘 수 있을 텐데.
음, 잠깐만!
그냥 해가 지지 않는 게 더 낫겠어.
계속 놀 수 있으니까.
난 더 놀고 싶은데 밤이 되면 어쩔 수 없이
자야 하잖아.
왜 매일매일 낮과 밤이 바뀌는 걸까?

지구가 돌고 있어!

옛날부터 많은 사람들은 왜 낮과 밤이 생기는지 궁금했어.
고대 그리스 사람들은 아폴론 신이 마차에 태양을 싣고 하루에 한 번씩
동쪽에서 서쪽으로 날아가기 때문에 낮이 된다고 생각했대.
고대 이집트에서는 태양신 라(La)가 태양의 돛단배를 타고 은하수를 따라 동쪽에서 서쪽으로
여행해서 낮과 밤이 생긴다고 생각했지. 하지만 밤하늘을 자세히 관찰한 자연 철학자들은
태양과 달이 직접 움직이는 게 아니라, 지구가 제자리에서 한 바퀴 돈다는 것을 알아냈어.
왜냐하면 태양, 달, 모든 별이 동쪽에서 떠서 서쪽으로 지는 데다가
움직이는 속도도 모두 같았거든. 24시간마다 한 바퀴씩 이동했지.
위치와 크기가 다른 것들이 어떻게 모두 같은 속도로 움직일 수 있을까?
지구가 제자리에서 24시간 동안 한 바퀴 돈다는 설명으로 모든 고민을 간단하게 해결할 수 있지.
지구가 제자리에서 한 바퀴 도는 것을 **자전**이라고 해.

낮과 밤은 지구의 자전 때문이었어!

빙그르르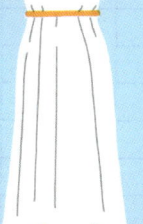

회전목마를 타고 한 곳에 서 있는 아빠를 본다면?

나는 회전목마 위에 가만히 앉아 있는데, 한 바퀴를 돌 때마다 아빠와 가까워졌다가
멀어지는 게 반복될 거야. 자동차를 타고 창밖을 볼 때도 마찬가지지.
앞으로 가는 건 나지만, 가로수는 뒤로 가는 것처럼 보여.
태양과 별은 제자리에 그대로 있는데, 지구가 자전하니까 하늘에 떠 있는
모든 천체들이 24시간을 주기로 움직이는 것처럼 보였던 거야.
지구의 **자전축**은 23.5° 기울어져 있어.
기울어진 지구본은 잘못 만들어진 것이 아니라,
진짜 지구가 기울어져서 돌고 있기 때문이지!

나는 기울어져 있어.

낮 동안 태양의 높이가 달라져

해는 동쪽에서 떠서 서쪽으로 지는데, 높이가 달라져.
동쪽에서 뜰 때는 지표면 가까이에 있었다가 남쪽으로 이동하면서 점점 높아지고
다시 서쪽으로 갈 때는 점점 낮아지다가 지표면 아래로 들어가지.
달도 그렇고, 별도 마찬가지야.
천체의 높이를 **고도**라고 불러.
옛날 사람들은 태양 고도의 변화를 기록해서 해시계를 만들었어.

요리조리 실험실 해시계를 만들어 보자.

놀이터에서 신나게 놀다 보면 시간이 얼마나 지났는지 모르겠단 말이야.
놀이터에 해시계가 있다면 좋을 텐데. 우리가 만들어 볼까?

1. 나무젓가락 또는 수수깡 1개, 도화지, 사인펜, 시계를 준비해.

2. 해가 잘 드는 편평하고 매끈한 곳에 도화지를 놓고 붙여. 나무젓가락을 수직으로 세워 테이프로 붙여. 찰흙을 이용해도 돼.

3. 매시 정각마다 나무젓가락의 그림자를 펜으로 그리고, 몇 시인지 적어. 해가 질 때까지 모두 그렸다면 완성!

이제 밤이 되었을 테니 일단 자고,
다음날 아침 내가 만든 해시계를 들고 놀이터로 나가는 거야.
물론 나갈 때 내가 몇 시에 나갔는지 기억해야 해.
오후 3시에 나갔다면 놀이터에 도착하자마자 해가 잘 드는 곳에 해시계를 놓고
일단 나무 막대기의 그림자를 오후 3시 선에 맞춰.
신나게 놀다가 나무 막대기 그림자가 약속한 시간으로 이동하면 집으로 돌아가면 돼.
참, 해시계가 움직이지 않게 돌로 종이를 눌러 놓는 것 잊지 마.

지구는 얼마나 빨리 돌까?

지구의 둘레가 가장 긴 곳은 **적도**야. 약 40,000km지.
지구는 24시간 동안 한 바퀴를 도니까 약 40,000km를 도는 거야.
한 시간에 1,660km 이상 움직이는 셈이지.
한 시간에 약 300km 정도 달리는 고속 열차(KTX)보다 5배 이상 빨라.
그래도 우리는 전혀 느낄 수 없다는 사실!

한 시간에 1,660km 움직여!

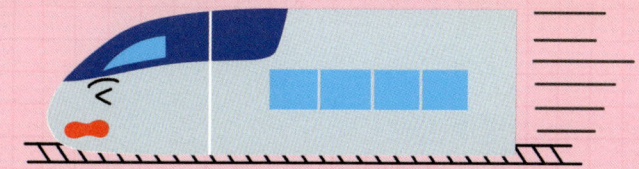
한 시간에 300km.

키노트

지구가 하루에 한 바퀴씩 스스로 도는 것을 자전이라고 해.
지구가 자전하기 때문에 낮과 밤이 생기지. 또 태양과 별이 24시간 동안 움직이는 것처럼
보이지만 사실은 지구가 24시간 동안 한 바퀴 움직인 거야.

미니퀴즈 궁금증 더하기 북극성은 왜 움직이지 않을까?

지구가 자전해서 밤하늘의 별들도 동쪽에서 떠서 서쪽으로 져.
그런데 밤새도록 제자리에 그대로 있는 별이 하나 있어.
그게 바로 북극성이야. 북극성은 왜 움직이지 않는 거지?

01 북쪽에 있으니까
02 지구의 자전축 위에 있어서
03 사실은 별이 아니라서

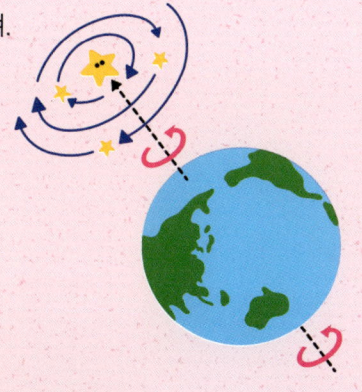

정답·02

자전축은 지구의 남극과 북극을 연결한 선인데, 지구는 이 축을 중심으로 하루에 한 바퀴씩 자전해.
북극성은 지구 자전축 위에 있어서 북쪽 하늘의 별들이 북극성을 중심으로 한 바퀴 도는 것처럼 보여.

계절은 왜 변하는 거야?

주말에 옷 정리를 하기로 했어.
아침저녁으로 제법 쌀쌀해졌거든.
벌써 가을이 왔나 봐.
봄에 입었던 긴팔과 긴바지를 얼른
꺼내야겠어. 엄마, 아빠, 동생 옷까지
온 가족의 옷을 정리하니까 엄청 많아.
한두 달만 있으면 기모 티셔츠랑
두꺼운 겨울옷도 꺼내야 할 거야.
계절은 왜 달라지는 걸까?
1년 내내 같은 계절이면 귀찮은
옷 정리를 안 해도 될 텐데 말이야.

초6 계절의 변화
중2 태양계

계절을 구분하는 가장 큰 특징, 기온

우리나라는 봄, 여름, 가을, 겨울이라는 **사계절**이 있어.
기온이 높아서 더우면 여름, 기온이 낮아서 추우면 겨울이지.
다른 나라들도 계절이 있어. 심지어 북극과 남극에도 여름이 있지.
일 년 중 온도가 높을 때를 여름이라고 불러.
북극의 여름 기온은 우리나라 늦가을과 비슷해.
지면의 온도를 결정하는 건 **태양 고도**야.
고도가 낮으면 아무리 태양이 오래 떠 있어도 기온이 낮아.
예를 들어 북극의 여름에는 밤에도 환한 **백야 현상**이 일어나지만,
12시간만 낮인 적도보다 훨씬 추워.
북극은 태양 고도가 낮아서 지표면에 도달하는 태양 에너지가 약하고,
적도는 태양 고도가 높아서 강한 태양 에너지가 도달하거든.

요리조리 실험실 태양이 비치는 각도에 따라 빛의 양도 달라!

손전등과 색 도화지를 준비해.
색 도화지에 손전등을 수직으로 비추어 보고, 비스듬히 비추어 보는 거야.
손전등이 태양이고, 색 도화지가 지표면인 셈이지.

지구가 기울어진 채로 공전해서 계절이 달라져

지구는 태어날 때부터 태양 주위를 돌고 있었어.
지구가 365일 동안 태양 주위를 한 바퀴 도는 것을 지구의 **공전**이라고 해.
그런데 지구의 자전축이 기울어진 채로 공전하다 보니
위치에 따라 태양의 고도가 달라지게 돼.
우리나라는 북반구가 태양 쪽을 향할 때 태양 고도가 높아서 **여름**이고,
남반구가 태양 쪽을 향할 때 북반구의 태양 고도가 낮아져서 **겨울**이야.
봄, 가을은 그 중간이지. 그래서 남반구에 있는 호주는 우리나라와 계절이 반대야.
성탄절에 전 세계를 여행하는 산타 할아버지는
한국에 갈 때는 두꺼운 털옷에 털 장화를 신어야 하지만,
호주에 갈 때는 반팔, 반바지에 샌들을 신어야 할 거야.

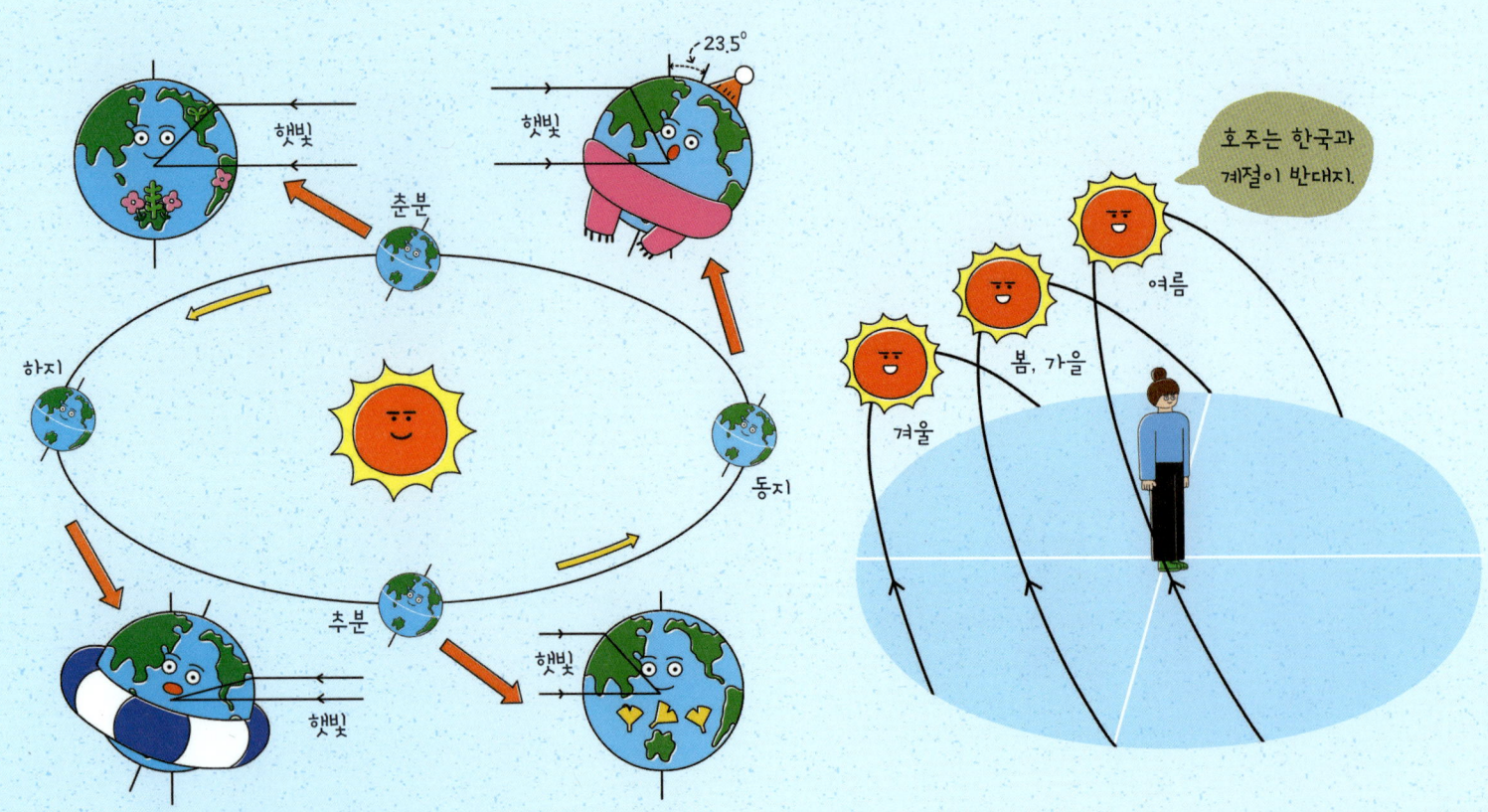

동짓날에는 달콤한 팥죽을 챙겨 먹어

예로부터 동짓날은 중요한 날이었어.
매년 12월 21일쯤인데, 한낮의 태양 고도가 가장 낮고 밤이 가장 긴 날이지.
붉은색 팥죽을 쑤어서 밤을 좋아하는 귀신을 쫓아내고 새로운 한 해를 준비한다고 생각했어.
동지 다음날부터 낮의 길이는 점점 길어져.
낮의 길이가 가장 긴 날은 <u>하지</u>야.
매년 6월 21일쯤인데 한낮의 태양 고도가 가장 높은 날이지.
그런데 뭔가 이상하지 않아? 태양 고도가 가장 높은 날은 6월 21일인데, 정작 가장 더울 때는 8월이잖아!
그건 태양에 의해 지표면이 데워지는 데 시간이 걸려서야.
아무리 배가 고파도 냄비에 있는 물이 끓으려면 조금 기다려야 하는 것처럼 말이지.

165년이나 걸려!

수성: 88일
금성: 225일
지구: 365일
화성: 687일
목성: 12년
토성: 29년
천왕성: 84년
해왕성: 165년

미니퀴즈 궁금증 더하기

태양을 한 바퀴 공전하는 데 가장 오래 걸리는 행성은?

태양은 지구를 포함해 8개의 행성을 거느리고 있어. 지구는 태양 주위를 한 바퀴 공전하는데 365일, 1년이 걸려. 태양 한 바퀴를 제일 오랫동안 도는 행성은 누구일까?

01 수성   05 목성
02 금성   06 토성
03 지구   07 천왕성
04 화성   08 해왕성

정답 · 08

태양에서 멀리 떨어져 있을수록 태양의 중력이 약해져서 행성이 느리게 공전해. 해왕성은 태양을 한 바퀴 도는데 무려 165년이나 걸려. 그렇다면, 봄 41년, 여름 41년, 가을 41년, 겨울 41년!

키노트

지구가 태양을 1년에 한 바퀴씩 도는 것을 '공전'이라고 해. 그런데 지구의 자전축이 23.5°로 기울어진 채로 공전하기 때문에 지구의 위치에 따라 태양의 고도가 달라져. 태양 고도가 높은 시기는 더운 여름이고, 태양 고도가 낮은 시기는 추운 겨울이 되지.

별자리는 어떻게 생긴 걸까?

초6 지구와 달의 운동
중2 태양계

친구가 내 생일이 언제냐고 물었어.
12월 12일에 태어났다고 하니까
"사수자리구나! 진취적이지만 비밀을
간직한 사람이군." 이러는 거야.
친구의 생일은 5월 19일이야.
5월은 황소자리래.
5월에 태어난 사람은 고집 센
현실주의자라지 뭐야.
달마다 별자리가 정해져 있다니 신기해.
그것도 수천 년 전부터 정해져 있었대.
별자리는 누가 정한 걸까?

별자리로 별의 위치를 기억했어

예로부터 깜깜한 밤에 보석처럼 빛나는 별은 신비로운 존재였지.
사람들은 위대한 영웅과 수호신들이 하늘에 있다고 생각했어.
별들을 임의로 연결하고 신화에 나오는 주인공들의 이름을 붙인 것을 **별자리**라고 해.
나라마다 민족마다 별자리의 종류와 그에 얽힌 이야기들이 다양하지.
옛날에는 북극성을 중심으로 별의 위치를 이용해 방향을 찾았는데,
별자리와 이야기 덕분에 별의 위치를 쉽게 기억할 수 있었지.
그러다가 1928년 국제 천문 연맹에 모인 천문학자들이
밤하늘을 88개의 별자리 구역으로 나누기로 정했어.
그중에 우리나라에서는 67개의 별자리를 볼 수 있어.
21개는 남반구에 가야 볼 수 있지.

거문고자리는 아내를 잃은 슬픔에 오르페우스가 죽자

거문고에서 슬픈 음악이 흘러나와서, 제우스가 하늘로 보낸 거래.

정말 슬픈 이야기야.

지구 공전의 증거! 밤하늘에 보이는 별자리가 달라져

별자리점을 본 적 있니?
별자리점에 등장하는 12개의 별자리는 약 2,200년 전에 만들어졌어.
황도 12궁이라고 불렀지. 노란 태양이 지나가는 길에 있는 12개의 별자리라는 뜻이야.
사실 별자리점은 과학적으로 말도 안 되는 생각이지만,
재미있으니까 아직도 많은 사람들이 좋아해.
하지만 지금 태양이 지나가는 진짜 황도 12궁은 별자리점과 달라.
예를 들어, 별자리점에서는 3월 21일~4월 19일에 태어나면 양자리라고 하지만,
2,200년 후인 지금은 그 시기에 태양이 물고기자리에 있다는 사실!

태양이 별자리를 지나가는 게 아니라 지구가 공전해

태양은 제자리에 있고, 지구가 태양 주위를 공전해서 태양이 있는 쪽 별자리들이
계속 달라지는 거야. 반대로 밤하늘에서 볼 수 있는 별자리도 계속 달라지겠지.
태양이 있는 낮에는 별을 볼 수 없어.
3월 21일에는 태양이 물고기자리 쪽에 있으니까 물고기자리는 볼 수 없지.
대신 밤이 되면 태양 반대쪽에 있는 처녀자리가 보이는 거야.
지구가 계속 공전해서 6월 21일이 되면 태양이 쌍둥이자리
쪽에 있어서 쌍둥이자리는 볼 수 없지만,
밤이 되면 태양과 반대편에 있는
사수자리를 관찰할 수 있어.

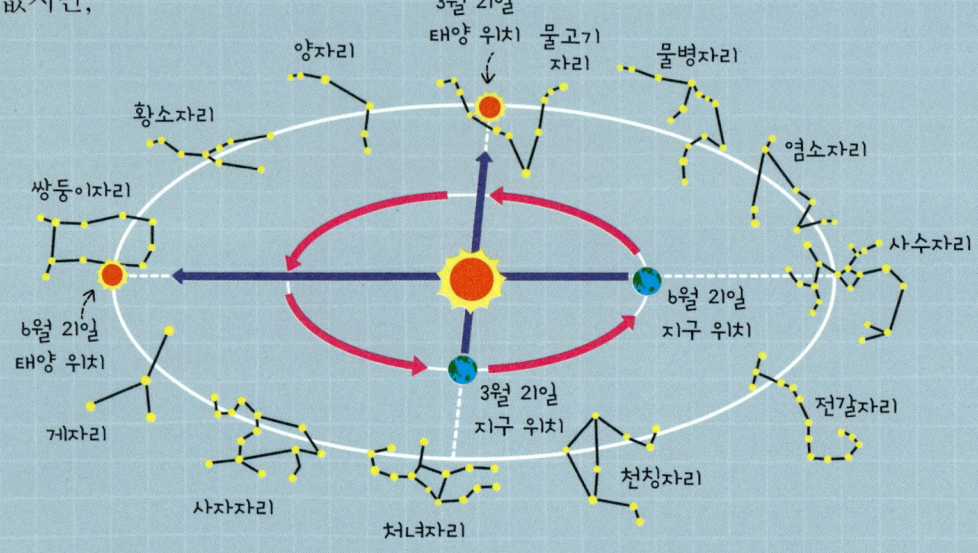

요리조리 실험실 직접 밤하늘 관측하기!

달이 뜨지 않고, 주변에 조명이 없는 깜깜한 곳일수록 별이 많이 보여.
밤에도 조명이 환한 도시에 산다면 겨울에 실험해도 좋아. 밝은 1등성이 가장 많이 보이는 계절이 겨울이거든.

① 15일 간격으로 같은 자리에서 같은 시간에 같은 하늘을 보고 별자리를 그려. 밑에 나무나 건물이 있어야 별들의 위치가 정말 달라졌다는 걸 쉽게 알 수 있어.

② 정확히 1년 후에 같은 자리에서 같은 시간에 같은 하늘을 보면 1년 전에 본 장면과 똑같은 밤하늘을 볼 수 있어.

계절별 별자리

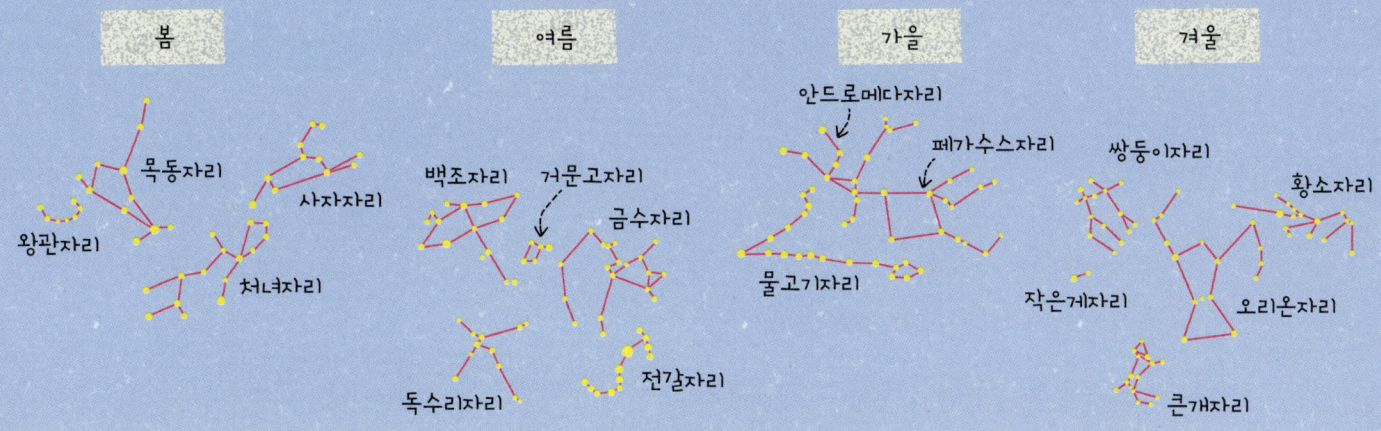

 키노트: 별자리는 수많은 밤하늘의 별들의 위치를 쉽게 기억하기 위해서 근처에 있는 별들을 연결하고 이야기를 붙인 거야. 지구가 태양을 중심으로 공전하기 때문에 밤하늘의 별자리 위치가 매일 달라져. 매월 태양이 지나가는 길에 있는 별자리들을 황도12궁이라고 불러.

미니퀴즈 궁금증 더하기

1년 내내 보이는 별자리는 뭘까?

지구가 공전해서 계절별로 밤하늘에 보이는 별자리가 달라져.
하지만 1년 내내 보이는 별자리도 있지.

01 사자자리
02 카시오페이아자리
03 큰곰자리
04 백조자리

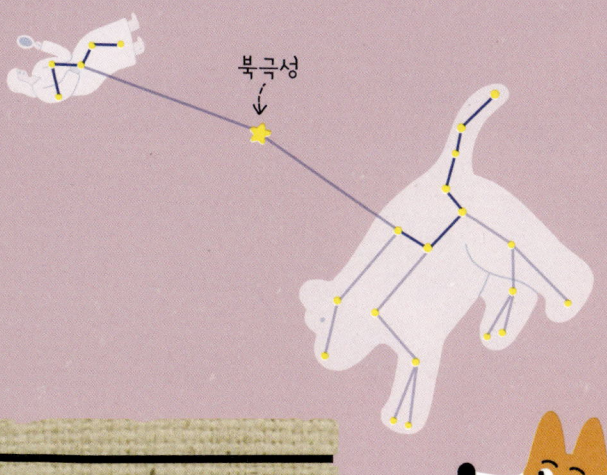

정답 · 02, 03

북쪽 하늘에 있는 별자리는 1년 내내 볼 수 있어. 큰곰자리의 엉덩이와 꼬리 부분이 '북두칠성'이야.
W모양의 카시오페이아자리도 있어. 북두칠성과 카시오페이아자리 사이에 북극성이 있지.
사자자리는 봄에 잘 보이고, 백조자리는 여름에 잘 보이는 별자리야.

추석은 왜 해마다 달라질까?

초6 지구와 달의 운동
중2 태양계

추석이라 오랜만에 친척들이 한자리에 모였어.
설날처럼 세뱃돈이 없어서 살짝 아쉽지만,
전, 갈비찜, 송편, 고기 꼬치같이
맛있는 음식들도 실컷 먹고,
사촌들이랑 신나게 놀았지.
저녁을 먹고 나서 소원을 빌러 밖으로 나갔어.
추석날 보름달에 소원을 빌면 이루어진대!
내년에는 추석 연휴가 더 길어지게 해 달라고
소원을 빌어볼까?
추석 날짜는 왜 매년 오락가락하는 걸까?

달을 기준으로 한 음력, 태양을 기준으로 한 양력

내 생일은 매년 똑같은 날이지만, 설날과 추석은 매년 달라져서
달력을 찾아보지 않으면 알 수 없어. 왜 기억하기 어렵게 매년 달라지는 걸까?
그건 지금 쓰고 있는 달력과 조상들이 쓰던 달력이 달라서 그래.
조상들은 달의 모양을 기준으로 날짜를 정한 **음력**을 사용했어.
달이 안 보이는 날을 1일로 하고, 달의 오른쪽부터 빛나는 부분이
점점 커지다가 동그란 보름달이 보이는 날은 15일, 이후에 왼쪽의
빛나는 부분이 점점 작아지다가 거의 안 보일 때를 29일이나 30일로
정한 거지. 명절은 오래 전부터 전해 내려온 풍속이라
음력 날짜인 거야. 우리가 현재 쓰고 있는 달력은 **양력**이지.
지구가 공전해서 달라지는 태양의 위치를 기준으로 날짜를
세어 만들었어. 양력으로 1년은 365일이야.

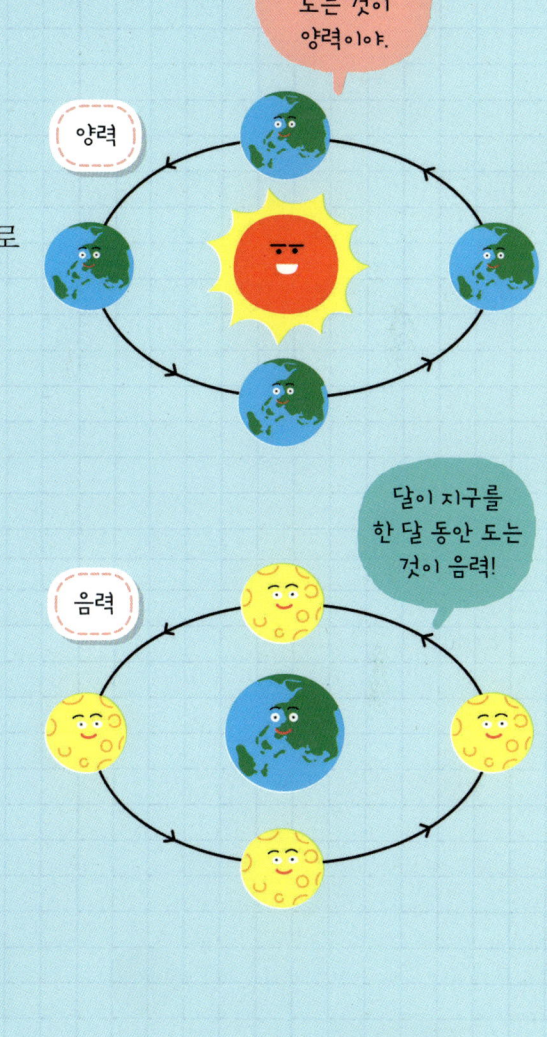

달을 기준으로 한 음력은 지구 공전을 기준으로 한 양력보다 11일이 적어.
그래서 몇 년에 한 번씩은 한 달을 추가해서 13달을 만들어야 해.
그러니 매년 날짜가 달라져서 복잡한 거야.
대신 날짜만 알면 그 날 달의 모양을 예상할 수 있어.
설날은 음력 1월 1일, 정월대보름은 음력 1월 15일, 추석은 음력 8월 15일인데,
날짜만 봐도 설날에는 달이 안 보이고, 추석과 정월대보름에는 보름달이 뜬다는 걸 알 수 있지.

115

달의 모양은 왜 바뀔까?

태양은 매일매일 똑같이 동그란 모양이야.
달은 스스로 빛을 내지 못하고 태양의 빛을 받은 부분만 밝아.
지구와 똑같이 태양의 빛을 받은 지역은 낮, 반대쪽은 밤이지.
그런데 달이 지구 주위를 한 바퀴 돌아서, 지구에서 보이는 달의 부분이 계속 달라져.
달의 위치에 따라서 달라지는 달의 모양을 **위상**이라고 불러.
달의 위상에는 이름이 있어.
밝은 부분이 아예 없을 때는 **삭**, 동그란 달은 **보름달**,
오른쪽 반만 밝은 반달은 **상현달**, 왼쪽 반만 밝은 반달은 **하현달**,
오른쪽이 가늘게 밝으면 **초승달**, 왼쪽이 가늘게 밝으면 **그믐달**이지.

우아, 달 모양이 제각각이야!

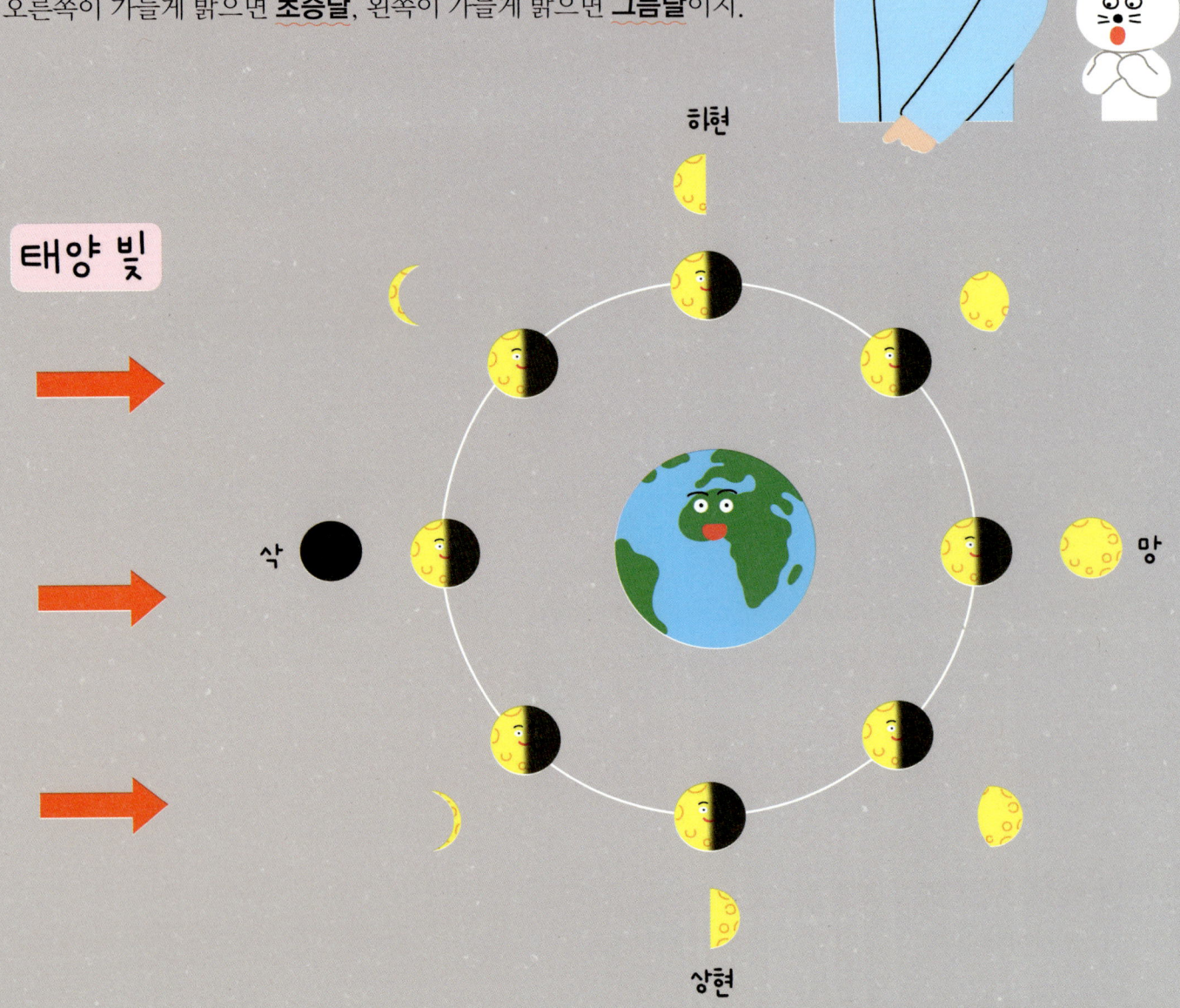

달은 위상에 따라 뜨고 지는 시간이 매일 달라져

음력 1, 2일이라면 달이 태양과 함께 낮에 떴다 지니까 볼 수 없어.

3일에는 해가 지고 나서 서쪽 하늘에 가느다란 초승달이 나타났다가 2시간 후에 져.

5일에는 조금 더 커진 초승달이 해가 진 직후 서쪽 하늘에 나타나는데, 3일보다 고도가 높을 거야.

하지만 보름달인 15일 이후에는 달이 밤늦게 떠. 심지어 그믐달은 새벽 1시에 떠서 낮 2시에 진대.

관찰하기가 너무 어렵겠지. 하지만 덕분에 가끔 낮에 나온 하얀 달을 볼 수 있어.

1일부터 15일까지 매일 같은 시간에 같은 장소에서 달을 관찰하고 그림으로 그려 봐.

달이 지구 주위를 돌고 있다는 걸 느낄 수 있을 거야.

 달은 지구 주위를 돌고 있는 위성이야. 태양 빛을 반사해서 빛을 내기 때문에 지구-태양-달의 위치에 따라 달의 모양이 달라지지. 달의 모양을 기준으로 만든 달력을 음력이라고 하고, 태양의 위치를 기준으로 만든 달력을 양력이라고 해.

미니퀴즈 궁금증 더하기 일식과 월식이 뭘까? 맞는 것끼리 선으로 이어 봐.

01 일식(日蝕) · · ㄱ 지구 그림자가 달을 가리는 현상

02 월식(月蝕) · · ㄴ 달이 태양을 가리는 현상

달의 공전 궤도가 조금 비스듬히 기울어져 있어서 삭과 보름일 때마다 일식과 월식이 일어나는 건 아니야.

정답 · 01-ㄴ, 02-ㄱ

삭일 때, 태양-달-지구가 정확하게 일직선으로 있게 되면 달이 태양을 가릴 수 있어.

달이 태양을 가리는 현상을 일식이라고 해. 완전히 가리면 개기 일식, 일부분만 가리면 부분 일식이야.

보름일 때, 태양-지구-달이 일직선에 있게 되면 달이 지구 그림자 속으로 들어갈 수 있어.

지구 그림자가 달을 가리는 현상을 월식이라고 해. 일식과 마찬가지로 개기 월식과 부분 월식이 있지.

개기 월식 때는 노란 보름달이 아니라 검붉은 보름달을 보게 될 거야.

화성에 사람이 살 수 있을까?

초5 태양계와 별
중2 태양계

오늘은 온 가족이 영화 〈마션〉을 함께 봤어.
우주 탐사대가 화성 탐사를 하던 중에
갑작스러운 모래 폭풍이 들이닥쳤지.
대원 중 한 명이 사고를 당했는데,
죽은 줄 알고 그냥 두고 떠났어.
하지만 그 대원은 살아 있었고,
혼자 화성 기지로 가서
자기 똥으로 감자를 키우면서
지구와 연락하는 데에 성공해!
그런데 왜 달이나 다른 행성이 아닌
화성을 배경으로 했을지 궁금했어.
화성에는 뭔가 특별한 것이 있는 걸까?

태양계에는 8개의 행성이 있어

수, 금, 지, 화, 목, 토, 천, 해.
어디서 많이 들어 봤지? 아마 이미 외우고 있는 친구들도 많을걸.
태양계 행성들의 앞 글자를 따서 외우는 말이야.
태양을 중심으로 돌고 있는 커다란 8개의 천체를 **행성**이라고 해.
태양과 가장 가까운 행성은 **수성**, 그 다음은 **금성**이고,
지구는 태양계 세 번째 행성이야. 지구 다음이 **화성**이지.
화성 뒤에 **목성**, **토성**, **천왕성**, **해왕성**이 차례대로 태양 주위를 돌고 있어.

지구형 행성
지구처럼 암석 덩어리인 행성이야.
수성, 금성, 지구, 화성이 있어.

목성형 행성
목성처럼 두꺼운 기체층이 있는 행성이야.
목성, 토성, 천왕성, 해왕성이 있어.
목성형 행성은 기체 행성이라 탐사선을 보내도
착륙할 수 없대.

너무 뜨겁거나 너무 차가운 수성

수성은 태양과 가장 가까운 행성이야.
태양과 너무 가까워서 낮에는 430°C의 불지옥이고, 밤에는 영하 160°C인 얼음 지옥이지.
그리고 수성은 공전 속도와 자전 속도가 비슷해서 낮이 88일, 밤이 88일이라고 해.
물과 대기도 거의 없어. 왜 행성의 이름을 '물의 행성'인 수성이라고 했을까?
아마 옛날에는 물이 많을 것으로 생각했나 봐.

불타는 행성, 금성

사실 지구에서 가장 가까운 행성은 금성이야.
밤하늘에서 가장 밝게 빛나는 천체가 바로 금성이지. 금빛으로 반짝반짝 빛이 나.
해가 진 후 서쪽 하늘이나 해 뜨기 전 동쪽 하늘에 유난히 밝게 빛나는 별이 있다면,
그건 별이 아니라 금성일 가능성이 매우 높지.
영어로는 사랑의 여신 이름을 따서 '비너스'라고 부를 정도로 예쁘게 생각했어.
하지만 금성은 뜨거운 불구덩이 행성이야.
지구보다 100배나 많은 대기로 둘러싸여 있는데, 대부분이 온실 기체인 이산화 탄소라서
지표의 온도가 낮이나 밤이나 460°C거든. 그리고 유독한 황산 가스 구름이 하늘을 뒤덮고 있어.
금성은 태양계에서 가장 느리게 자전해. 심지어 태양을 한 바퀴 공전하는 속도보다 더 느려.
1년이 됐는데, 아직 하루가 안 끝나는 셈이지.

제2의 지구가 될 유력한 후보, 화성

화성은 하루가 24시간이야. 지구랑 아주 비슷해.
지구처럼 자전축이 약간 기울어져 여름과 겨울 같은 계절 변화가 있어.
극지방에는 어마어마한 얼음과 드라이아이스가 쌓여 있어.
과거에 엄청난 양의 물이 흘러서 만들어진 거대한 협곡도 있지.
태양계에서 가장 높은 산인 '올림포스산'이 있어. 높이가 에베레스트산의 약 3배쯤인 25,000km야.
대기의 양이 지구의 1/100밖에 안 되고 산소가 거의 없지만, 그나마 이 정도라도 있어서
기온 차이가 지금까지 살펴본 다른 행성들에 비하면 적은 편이야. −90~30℃ 정도이지.
화성은 두 개의 위성을 가지고 있어. 지구의 달보다 훨씬 작고 울퉁불퉁해.
화성에서 살면 하늘에 떠 있는 두 개의 울퉁불퉁한 달을 보게 되겠지.

화성은 인류가 가장 많은 탐사선을 보낸 곳이기도 해.
왜냐하면 화성이 지구와 가장 많이 닮았거든.
많은 과학자가 화성에서 살 수 있는 여러 가지 방법을 연구 중이야.
몇몇 사람들을 선발해서 고립된 사막에서 1년 동안 지내는 실험도 하고 있지.
하지만 아직 화성에 도착한 사람은 아무도 없어.
어쩌면 2040년쯤에는 가능할지도 몰라.

인류가 지구 밖에서 최초로 걸어 다닌 땅, 달

달은 태양 주위가 아니라 지구 주위를 돌아. 행성이 아니라 **위성**인 거지.
그래도 지금까지 지구를 빼고 인간이 걸어 다녔던 유일한 곳이야.
1969년 7월 20일 최초로 달에 착륙했지.
달은 지구와 가깝지만, 인간이 달에서 오래 살 수는 없다고 생각해.
달은 너무 작고, 자전 주기가 27일이거든. 낮이 13일쯤, 밤이 13일쯤 계속되는 거야.
대기가 없어서 낮에는 130℃, 밤에는 영하 130℃까지 떨어져.

인류 최초로 달에 착륙했어!

달과 수성 표면에 있는 구덩이들은 뭘까?

달과 수성 표면에는 수많은 구덩이가 있어. 대부분은 운석 충돌로 생긴 **크레이터**야.
달과 수성은 대기가 없어서 우주에서 날아온 돌이 그대로 땅에 부딪힐 때가 많거든.
지구에도 초창기에 만들어진 크레이터가 많지만, 바다 밑에 있거나 비바람에 의해
풍화 침식되거나 숲으로 덮여서 전체 모양이 잘 보이는 건 몇 개 없지.
일부는 화산이기도 해. 특히 달이 생긴 지 얼마 안 되어 내부가 뜨거웠을 때
많은 양의 용암이 흘러나와 지표면을 덮었어.
달의 바다라고 부르는 검은 부분이 바로 용암이 굳어서 만들어진 검은 땅이야.
달과 수성 모두 내부가 일찍 식어서 화산보다는 크레이터가 훨씬 많아.

키노트
태양 주위를 도는 것을 행성이라고 해. 태양은 수성, 금성, 지구, 화성, 목성, 토성, 천왕성, 해왕성이라는 여덟 개의 행성을 거느리고 있지.
행성의 특성에 따라 지구형 행성과 목성형 행성으로 나눌 수 있어.

미니퀴즈 궁금증 더하기

화성은 왜 붉은색일까?

화성의 표면은 붉은색이야. 그래서 이름에도 '불'이 들어갔지.
영어로는 전쟁의 신의 이름인 '마르스'라고 붙였어. 표면의 색깔은 왜 붉을까?

01 표면이 뜨거워서
02 진짜 불이 나고 있어서
03 붉은 산화 철 흙으로 덮여 있어서
04 화성에도 고춧가루가 있어서

붉은 산화 철 때문이야!

정답 · 03

산화 철이란 쉽게 말해서 녹슨 철이야. 오랫동안 밖에 방치된 자전거에 덕지덕지 붙어있는 녹슨 철가루를 만져보면 붉은 산화 철가루가 부스러지는 걸 알 수 있지.
화성에서는 붉은 산화 철 먼지가 가득한 모래 폭풍이 지표면을 휩쓸고 다녀.

태양이 별이라고?

초5 태양계와 별
중2 태양계

선생님은 매일 퀴즈를 하나씩 내고
맞힌 사람에게 젤리를 주셔.
오늘 퀴즈는
"별은 하루 중 언제 볼 수 있을까?"였지.
그런데 퀴즈를 맞힌 사람이 아무도 없었어.
정답은 '온종일'이라는 거야!
별은 밤에만 볼 수 있는데 말이야.
그런데 사실은 태양이 별이래.
엄청나게 밝은 태양이랑 밤하늘에 하얀 점을
찍어 놓은 것같이 생긴 별이랑 같은 것이라니!
믿을 수가 없어.

태양은 별이야!

별은 스스로 빛을 내는 천체야.
밤하늘에 떠 있는 수많은 별들 모두가 스스로 빛을 내는 거야.
금성이나 화성, 목성은 별처럼 빛나지만, 햇빛을 반사해서 반짝이게 보이는 거니까 별이 아니지.
우주에 있는 수많은 별 중에 지구와 가장 가까운 별이 바로 **태양**이야.
태양은 아주 뜨거운 수소와 헬륨 기체가 대부분인 커다란 기체 덩어리야.
태양 안에 지구를 130만 개 담을 수 있을 정도로 커.
중심의 온도는 15,000,000℃(천 5백만도)인데, 뜨거운 중심부에서 수소가 결합해서
헬륨으로 바뀌는 '수소 핵융합 반응'이 일어나. 이때 어마어마한 에너지가 발생하지.
이 에너지로 스스로 빛과 열을 내는 거야.

태양을 반으로 자르면 어떤 모습일까?

수소 핵융합 반응이 일어나는 **중심핵**이 있고, 그 빛과 열을 전달하는 **복사층**과
대류층이 차례로 있어. 태양의 표면에서는 계속 폭발이 일어나고 있어.
고리 모양의 **홍염**이나 갑자기 번쩍 밝아지는 **플레어 현상**으로 관측되지.
폭발이 일어날 때 고에너지 입자들이 우주로 뿜어져 나오는 것을 **태양풍**이라고 불러.
각종 전파, 감마선, 엑스선, 미세 우주 먼지까지 포함되어 있지.
태양풍은 생물에게 아주 치명적이지만, 지구의 자기장이 막아줘서 지구 안에 있으면 안전해.

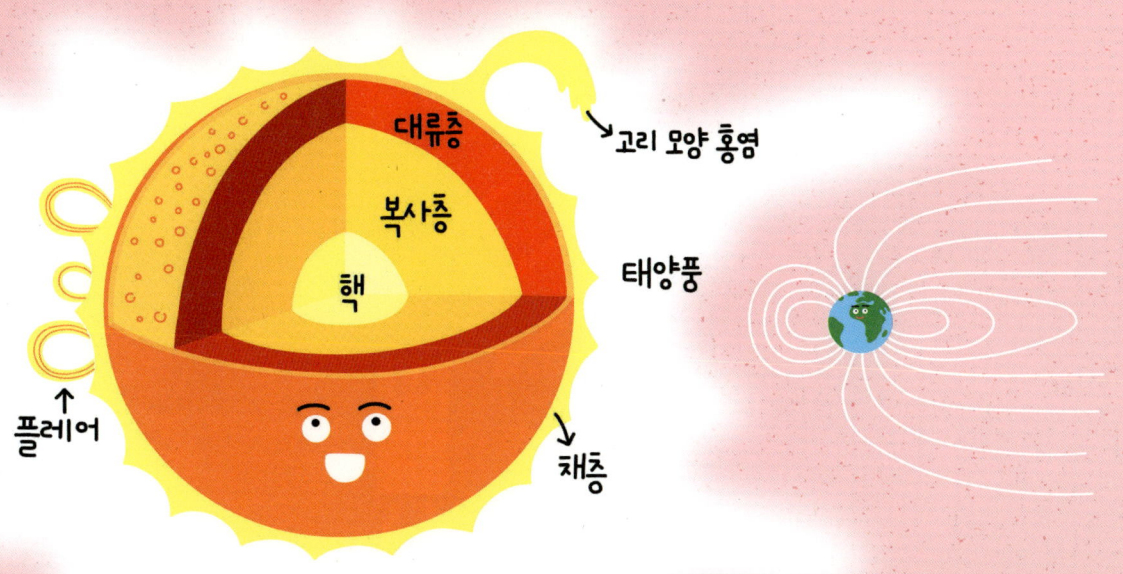

태양도 주근깨가 있어

태양은 아주 뜨겁고 끊임없이 움직이는 가스 덩어리라서 표면에 얼룩덜룩한 쌀알 무늬가 생겨.

그리고 때론 커다란 **흑점**이 몇 개씩 생길 때도 있지.

흑점 구역은 주변보다 온도가 낮아서 검게 보여.

태양 활동이 활발할수록 에너지 흐름이 엉켜서 흑점이 많이 생겨.

우리가 너무 급하게 많이 먹으면 체하는 것처럼 말이야.

흑점 주변에서는 평상시보다 더 거대한 폭발이 일어나지.

흑점이 많은 시기에는 평상시보다 훨씬 더 많은 고에너지 입자들을 쏟아 내서

지구의 전자 기기 통신을 방해하기도 해.

태양풍으로 생기는 지구 바깥쪽의 환경 변화를 **우주 날씨**라고 해.

우주 날씨가 나쁠 때 위성과 통신 상태를 점검하고 대비할 수 있게 '우주 날씨 예보'를 해.

태양의 대기, 코로나

태양 바깥 부분에 있는 얇은 대기층을 ***코로나**라고 불러. 태양 에너지가 워낙 강해서 평상시에는 관찰할 수 없지만, 개기 일식 때 달이 태양을 완전히 가리면 주변에 희미하게 하얀빛을 내는 코로나를 볼 수 있지. 코로나는 '왕관'이라는 뜻이야.

코로나
포유류에게 감기를 일으키는 코로나 바이러스도 태양의 코로나와 같은 뜻이야. 왕관처럼 생긴 돌기를 가진 바이러스거든.

키노트

뜨거운 가스 덩어리인 태양은 중심핵에서 수소 핵융합 반응이 일어나서 스스로 빛을 낼 수 있는 천체야. 태양 표면에서는 쌀알 무늬와 흑점을 볼 수 있고, 홍염과 플레어 같은 폭발이 계속 일어나면서 태양풍을 뿜어내. 태양은 코로나라고 부르는 대기를 가지고 있어.

미니퀴즈 궁금증 더하기

태양의 흑점이 왜 움직일까?

3일에 한 번씩 태양의 표면을 관찰해서 그린 그림이야.
흑점의 위치가 계속 오른쪽으로 움직이는 이유는 뭘까?

1 지구가 자전하고 있어서　　2 태양이 자전하고 있어서　　3 달이 자전하고 있어서

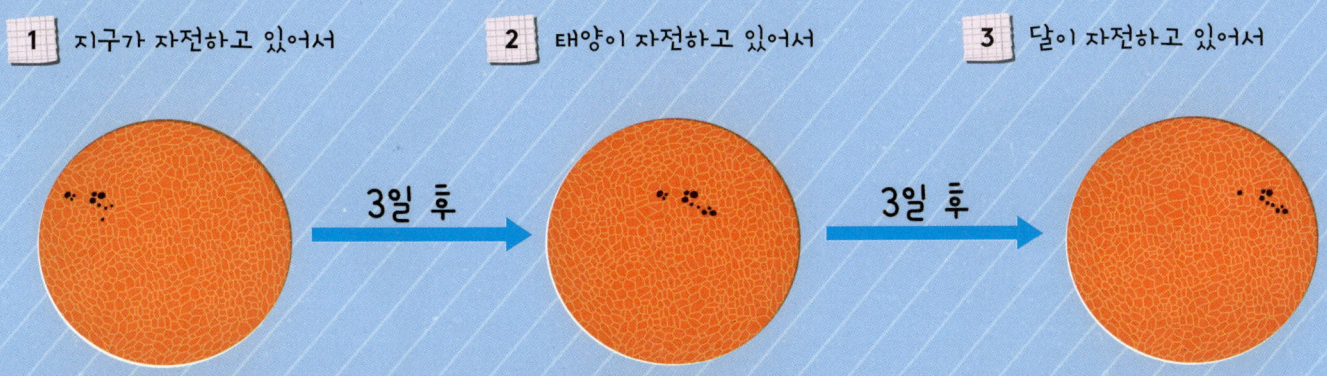

정답 · 02

태양은 가만히 있는 게 아니야. 지구처럼 제자리에서 한 바퀴 도는 자전 운동을 하고 있어. 태양 표면의 흑점을 관찰하면 태양이 자전하는 데 25일에서 35일 정도가 걸린다고 해. 기체 덩어리라 모든 표면이 같은 속도로 도는 게 아니거든. 적도 지역은 25일로 빠르게, 극지방은 35일 정도로 느리게 회전해.

별이 폭발하면 블랙홀이 된대!

빛도 빨아들여서 보이지 않고
아주 깜깜하다는 블랙홀!
우주에 관한 책이나 영화에서 꼭 등장하지.
그런데 2019년에 블랙홀 사진이 발표돼서
난리가 났어.
블랙홀의 구조랑 크기를 알아낸 대단한 사건이래.
약 200여 명의 과학자가 우주 망원경과
전 세계의 거대 망원경을 네트워크로
연결해서 블랙홀 사진을 찍는 데 성공했어!
고양이 눈 같기도 하고 도넛 모양 같기도 해.
신비로운 블랙홀은 어떻게 만들어진 걸까?

초5 태양계와 별
중3 별과 우주

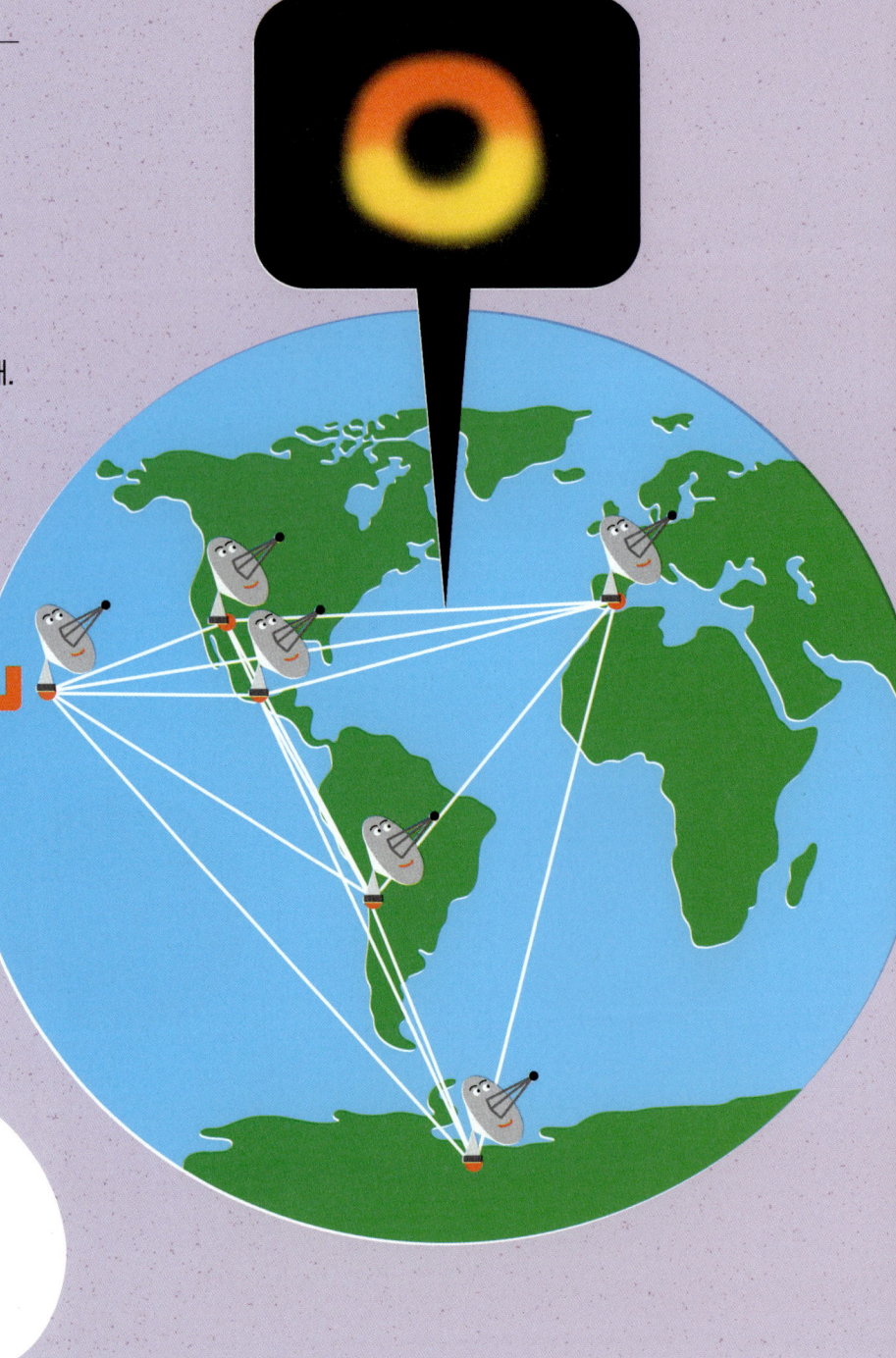

왜 이러지?

블랙홀, 모든 것을 빨아들이는 천체

우리가 아무리 힘껏 공을 던져도 결국 공은 땅으로 떨어져.
모든 것을 지구 중심으로 끌어당기는 힘인 중력 때문이지.
지구를 벗어나 우주로 가려면 1초 동안 11.2km를 가는 속도로 달려야 해.
이것을 **탈출 속도**라고 하지. 우주로 발사되는 로켓의 속도가 이것보다 빨라.
똑딱, 하는 동안 서울역에서 청량리역까지 가는 거야.
빛은 1초에 300,000km를 갈 수 있어.
똑딱, 하는 동안 지구를 일곱 바퀴 반 돌 수 있지.
그런데 이런 빛도 탈출하지 못하게 빨아들이는
천체가 바로 **블랙홀**이야.
블랙홀은 우주에 있는 어떤 천체보다도 중력이 세.
빛이 나올 수 없으니 검게 보여서
검은 구멍(Black Hole)이란 이름이 붙었어.

블랙홀도 그림자가 있다?

우주도 깜깜한데 블랙홀도 깜깜하다면, 어떻게 볼 수 있을까?
스티븐 호킹 박사는 깜깜한 석탄 창고에서 검은 고양이를 찾는 거와 비슷하다고 말했어.
자세히 들여다보면 고양이 눈은 보이는 거지.
블랙홀은 까만 점이라 안 보이지만, 어디에 있는지 알 수 있는 힌트가 있어.
블랙홀은 중력이 아주 세서 근처에 다른 별이 회전하면서 빨려 들어가게 되면,
그 속도가 매우 빨라서 엄청 뜨거워져.
뜨거운 물질은 빛을 내보내는데, 그 빛이 나오는 곳에 블랙홀이 있을 거로 추측하는 거야.
그런데 그 빛이 희미해서 블랙홀이 있다는 것만 알 수 있어.
블랙홀 사진은 블랙홀로 생기는 빛, 즉 블랙홀의 그림자를 찍은 셈이야.
검은 블랙홀이 빛 그림자를 가지고 있다니 정말 신기해.

질량에 따라 달라지는 별의 일생

별은 가스와 먼지가 모여 있는 곳인 **성운**에서 태어나.
성운이 회전하면서 물질이 중심으로 모여들어 내부의 온도와 압력이
어마어마하게 올라가면 *수소 핵융합 반응이 일어나.
드디어 스스로 에너지를 만들어 내는
별이 된 거야!

> **수소 핵융합 반응**
> 수소 원자 4개가 합쳐져
> 헬륨 원자 1개와 엄청난
> 에너지를 뿜어내는 반응을 말해.

> 아주 작은 별은 잠시
> 스스로 빛을 냈다가
> 그대로 식어.

❶ 태양과 비슷한 크기의 별 (수명: 100억 년 정도)

중심핵에서 수소 핵융합이 마무리되면, 헬륨 핵융합 반응이 일어나.
이때 별이 어마어마하게 커지면서 표면이 빨개지기 때문에 **적색 거성**이라고 불러.
50억 년 후에 태양이 적색 거성이 되면 지구까지 흡수될 거야.
헬륨마저 모두 써 버리고 핵융합 반응이 마무리되면 별이 폭발해.
별을 이루고 있던 바깥 기체들은 흩어져서 다시 성운이 되고,
가운데 있던 중심핵은 점점 오그라들어 **백색 왜성**이 된 후 점점 식어.

❷ 태양 질량보다 큰 별 (수명: 수천 만 년)

중심핵의 온도와 압력이 태양보다 훨씬 커서 헬륨 핵융합 이후에도 여러 가지 원소들을
만들어내는 핵융합이 이어져. 최종적으로 철이 만들어지면 중심핵의 핵융합은 끝나.
모든 핵융합을 끝내면 엄청나게 큰 폭발이 일어나지.
갑자기 밝은 별이 하늘에 나타난 것처럼 보이는데, 이 현상을 **초신성**이라고 불러.
'슈퍼 새로운 별'이란 뜻이지만 사실은 별의 죽음인 거지.
이때 중심핵이 무서운 속도로 수축해서 **중성자별**이나 블랙홀이 만들어질 수도 있어.
중성자별의 크기는 서울보다 작지만, 질량은 태양과 비슷해서
만약 중성자별의 땅을 찻숟가락으로 한 숟갈 뜨면, 질량이 10억 톤쯤 될 거야.

초신성 폭발 이후

초신성 폭발 에너지는 정말 강력해서 추가 핵융합 반응이 일어날 수 있어.
철보다 무거운 납, 우라늄 같은 원소들이 만들어지지.
그리고 몇 개월에 걸쳐 밝은 빛이 점점 흐려지다가 희미한 성운 상태가 돼.
그 성운 속에서 다시 새로운 별이 탄생하기도 해.
지구를 이루고 있는 92개의 자연 원소 중 절반 이상이 초신성 폭발 때 생긴 거야.
수십 억 년 전에 이 자리에 있던 어떤 거대한 별이 초신성 폭발을 했고,
그때 흩뿌려진 물질들이 다시 뭉쳐 태양계가 만들어졌다는 말이지.
태양, 지구, 사과, 나를 이루고 있는 재료는 별의 가루였던 거야!

키노트 밤하늘에 보이는 수많은 별은 대부분 태양보다 훨씬 커. 태양을 비롯한 모든 별은 내부에서 핵융합 반응이 일어나서 스스로 빛을 낼 수 있어. 하지만 핵융합 반응이 끝나면 폭발하면서 별의 일생이 끝나. 크고 무거운 별일수록 수명이 짧은데, 아주 무거운 별이 폭발하면 블랙홀이 생겨.

미니퀴즈 궁금증 더하기

초신성 폭발을 왜 한 번도 못 봤을까?

새로운 별이 등장하는 것처럼 밝다면서 왜 우린 한 번도 못 봤을까?

- **01** 먼 곳에서만 일어나서
- **02** 사실 그렇게 밝은 건 아니라서
- **03** 초신성 폭발은 아주 가끔만 일어나서
- **04** 망원경이 없어서

정답 · 01

천문학자들은 매년 수백 개의 초신성을 발견하고 있어. 초신성 폭발의 밝기는 약 2천억 개의 별을 합친 것과 비슷해. 하지만 대부분 먼 우주에서 발생해서 우리 눈에는 잘 안 보였던 거지. 만약 우리 은하 안에서 초신성 폭발이 일어나면 정말 밝은 초신성을 볼 수 있을 거야. 오리온자리에 있는 1등성 베텔게우스는 조만간 폭발할 것으로 예상하고 있어. 만약 폭발한다면 달만큼 밝을 거래.

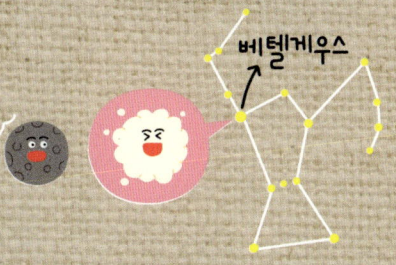

견우와 직녀는 만날 수 있을까?

초5 태양계와 별
중3 별과 우주

견우와 직녀 이야기를 아니?
그 이야기를 처음 듣고 나서부터
7월 7일이 되면 꼭 날씨를 확인하게 돼.
까마귀와 까치가 놔 준 오작교를 건너서 만난
견우와 직녀가 기뻐서 눈물을 흘리는 바람에
음력 7월 7일에는 비가 온다고 했거든.
진짜 비가 오나 안 오나 궁금하더라고.
견우와 직녀는 밝은 두 별을 보고 만든 이야기래.
두 별 사이에는 은하수가 있다고 해.
별 사이에 진짜 강이라도 있는 걸까?

은하수, 많은 별이 모인 별 무리

은하수는 '은색 강물'이라는 뜻이야.

밤하늘에는 별뿐만 아니라, 검기도 하고 뿌옇기도 한 얼룩이 띠 모양으로 이어진 뭔가가 있어.

우리 조상들은 용의 강이라는 뜻으로 '미리내'라고 불렀고,

고대 그리스 신화에서는 여신이 쏟은 우유가 만든 길이라고 말했지.

은하수의 정체를 처음 밝힌 사람이 갈릴레이야.

갈릴레이는 망원경으로 은하수를 관찰하고, 수많은 별이 모인 것을 알아냈어.

하지만 도시에서는 은하수를 보기가 정말 어려워.

그래서 은하수를 한 번도 못 본 친구들이 많을 거야.

깜깜하고 맑은 밤하늘에서만 뚜렷하게 볼 수 있지.

특히 여름에 궁수자리 방향에서 가장 잘 보여.

꼭 한 번 봤으면 좋겠어. 정말 아름답거든.

태양이 속한 우리 은하

우주에는 수많은 별이 있어.

그런데 이 별들이 마구잡이로 흩어져 있지 않아.

수천억에서 수조 개의 별들이 무리를 지어서 모여 있어.

이런 별 무리를 **은하**라고 해. 태양도 역시 다른 별들과 함께 은하를 이루고 있지.

태양이 속한 은하를 '우리 은하'라고 불러.

밤하늘에 보이는 모든 별이 우리 은하에 속한 별들이야.

하나하나의 별로 보이는 것들은 가까이 있는 친구들이고,

은하수는 멀리 있는 별들이지.

은하수는 우리 은하를 옆에서 본 모습이야

우리 은하는 달걀 프라이처럼 생겼어.
편평한 원반 형태인데, 가운데가 볼록하지.
은하 중심에 별들이 많이 몰려 있고, 거대한 블랙홀도 몰려 있어.
우리 은하가 원반 형태라서 옆으로 보면 띠 모양의 은하수로 보였던 거야.
우리 은하를 위에서 본다면 가운데 볼록한 중심이 있고, 휘어진 은하 팔들을 볼 수 있어.
회오리 태풍과 닮았지. 우리 은하의 지름은 약 10만 *광년이야.
태양은 은하 중심에서 약 3만 광년 떨어져 있고, 은하 팔 위에 있어.
은하라고 가만히 있지 않아. 은하 팔에 있는 별들은 은하 중심을
기준으로 공전하고 있어.
태양도 2억 년에 한 바퀴씩 돌고 있지!

광년
빛의 속도로 1년 동안 간 거리를 말해.

→ 태양

우주에는 수천억 개의 은하가 있어

우리 은하는 대략 2천억 개의 별이 모여 있대.
그런데 우주에는 이런 은하가 2천억 개쯤 있어.
은하의 모양은 아주 다양해. 우리 은하처럼 은하 중심이
길쭉하고 회오리 모양이면 **막대 나선 은하**라고 하고,
은하 중심이 동그랗고 회오리 모양이면 **나선 은하**,
타원 모양으로 모여 있기만 하면 **타원 은하**,
그 외 다른 모양을 한 은하는 **불규칙 은하**라고 부르지.

막대 나선 은하

나선 은하

타원 은하

불규칙 은하

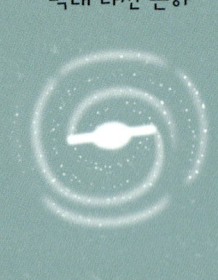

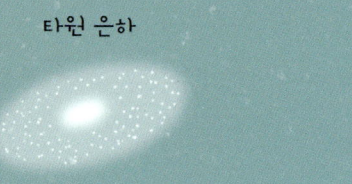
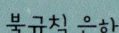

가장 가까운 안드로메다 은하

우리 은하와 가장 가까이에 있는 은하가 **안드로메다 은하**야.
가장 가깝더라도 빛의 속도로 200만 년 가야 도착할 수 있어.
경기도, 강원도, 경상도, 전라도, 충청도를 모아서 '대한민국'이라고 하는 것처럼,
우리 은하, 안드로메다 은하를 포함해 주변에 있는 30여 개의 은하를 모아서
국부 은하군이라고 해.
그리고 대한민국, 일본, 중국, 대만을 모아 동아시아라고 하는 것처럼
국부 은하군과 주변에 몇 개 은하군을 합쳐서 **국부 초은하단**이라고 불러.
여러 개의 초은하단이 모인 것이 바로 **우주**야.

우리 집에 놀러 와!
주소: 우주 국부 초은하단
국부 은하군 우리 은하
태양계 지구 대한민국
○○시 ○○구
○○로 68

대한민국으로
놀러 가자!

은하는 약 2천억 개쯤 되는 별들이 모여 있는 집단이야. 태양이 속해 있는 우리 은하는
막대 나선 모양이지. 우주에는 은하가 또 2천억 개쯤 있어.
우주의 크기를 상상하는 건 정말 어려운 일이야.

미니퀴즈 궁금증 더하기   은하수에 있는 검은 구름은 뭘까?

은하수는 별들이 모여 있는 거라면서 실처럼 생긴 검은 구름도 많이 보이거든.
이것의 정체는 뭘까?

1. 암흑 물질
2. 암흑 성운
3. 공장에서 나온 연기

정답 · 02

우리 은하에서 보이는 검은 물질은 '암흑 성운'이야.
가스와 먼지가 아주 많이 모여 있어서 뒤에서 오는 별빛을 막아 검은 구름처럼 보여. 이곳에서 별들이 많이 태어나.
암흑 물질은 아직 감지하지 못하고 있어.

우주인은 서서 잠을 잔다고?

초5 태양계와 별
중3 별과 우주

5, 4, 3, 2, 1 발사!
쿠구구구궁 슈우욱!
오늘은 우주인 세 명이 국제 우주 정거장으로 가는 날이래. 로켓 발사 실시간 중계를 놓치지 않으려고 알람까지 맞춰 놓았지.
로켓 발사 장면은 몇 번을 봐도 정말 멋져.
언젠가 나도 저 우주선 안에 타고 있을 거야.
우주인이 꿈이거든.
그런데 한 가지 걸리는 게 있어.
우주선에서는 잠을 서서 잔다는 거야.
우주에서도 푹 잘 수 있을까?

인간은 언제 처음 지구를 탈출했을까?

1957년 러시아에서 세계 최초의 인공위성 '스푸트니크 1호'를 발사했어.
1961년 역시 러시아 사람인 '유리 가가린'이 최초의 우주인으로 우주 비행에 성공했지.
1969년 미국의 아폴로 11호가 달에 착륙해서 '닐 암스트롱'이 최초로 달에 발자국을 찍었어.
이후로 수백 명의 우주인이 우주를 다녀왔어.

우주선은 어떻게 발사될까?

지구 중력을 벗어나기 위해서는 아주 빠른 속도로 이동해야 해.
우주 로켓은 보통 20층 아파트 높이와 비슷해.
이 중에서 우주인이나 인공위성이 탑재된 부분은 로켓의 꼭대기 3층 정도 높이이고,
나머지 17층 높이는 모두 연료로 채워져 있어.
몇 백 톤에 달하는 로켓을 1초에 10km 이상씩 밀어 올리려면,
어마어마한 양의 연료를 폭발적으로 사용하면서
엄청난 양의 기체를 아래로 보내야 하거든.

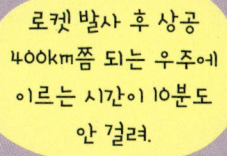

로켓 발사 후 상공 400km쯤 되는 우주에 이르는 시간이 10분도 안 걸려.

ISS에 오신 것을 환영합니다.

1. 1단 로켓의 연료를 다 쓰면 분리하고 좀 더 가벼워진 상태에서 좀 더 밀어 올려.
2. 2단 로켓의 연료를 쓰면서 궤도에 올라가.
3. 2단 로켓도 분리되고 나면 본체가 궤도에 올려져.

서울에서 부산까지 10분 만에 간 거지.

국제 우주 정거장(International Space Station, ISS)에서 생활하기

지금도 우주에는 6명 정도의 우주인이 살고 있어.
400km쯤 높이에서 90분에 한 번씩 돌고 있는 국제 우주 정거장에서 말이야.
축구 경기장만큼 크기 때문에 지구에서도 잘 보여.
별처럼 보이지만 빠르게 움직인다면 국제 우주 정거장일지도 몰라.
우주는 지구와 같은 중력이 없어서 사람은 물론 물까지 모든 것이 둥둥 떠다녀.

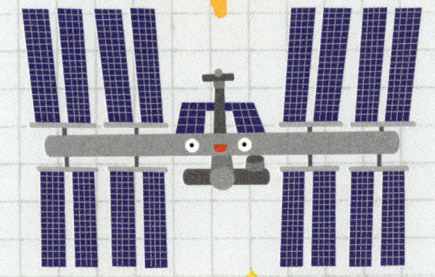
우주에서 생활하는 것은 쉽지 않지.

잠자기
부드러운 천으로 만들어진 침낭 같은 곳에 들어가서 잠을 자. 무중력이라 위아래 구분이 없다 보니 서서 자는 것처럼 보여.

머리 깎기
뾰족하고 작은 머리카락 조각이 부속품 사이에 끼면 정말 위험해. 그래서 이발기에 청소기가 달려 있어.

쏙쏙 빨아들여!

밥 먹기
된장국, 밥, 스테이크, 채소, 과일 등 다양한 음식이 있어. 모두 비닐 주머니에 담아서, 액체는 빨아먹고, 고체는 조금씩 꺼내 먹어.

음식을 쏟으면 둥실둥실 떠다니게 돼.

볼일 보기
안에 물이 없고 손잡이를 내리면 공기 흡입기가 쑥 흡수해서 모아. 우주에는 물이 없어서 오줌도 깨끗하게 정화해서 샤워실 물로 사용해.

비행기 변기와 비슷하게 생겼어.

샤워하기
지구에서처럼 물을 뿌리면 물방울이 둥둥 떠다닐 거야. 젖은 수건으로 온몸을 닦고 마무리 해.

운동하기
우주에 가면 키가 3~4cm씩 커. 중력이 없으니까 척추뼈 사이도 조금씩 넓어진 거지. 그만큼 근육도 약해져서 하루에 2시간씩 꼭 근육 운동을 해야 해.

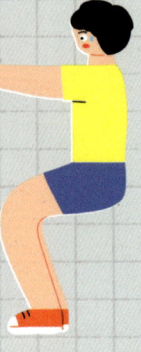

우주복을 입어 볼까?

우주 정거장이 있는 곳은 햇빛이 비추면 100°C, 햇빛이 비추지 않으면 영하 100°C인 곳이야. 해로운 자외선과 고에너지 입자들도 많지만, 무엇보다 공기와 물이 없지. 그래서 이 모든 것으로부터 우주인을 보호해 줄 수 있는 우주복을 입어.

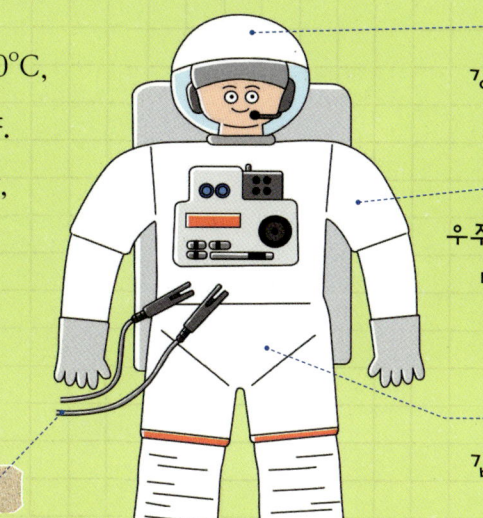

헬멧 - 강한 태양 광선을 막기 위해 코팅되어 있어.

우주복 - 우주복은 여러 가지 보호 장치를 더해 12~14겹으로 만들어.

우주인 기저귀 - 갑자기 화장실에 가고 싶을 때 그냥 싸면 돼.

안전 줄 - 언제든 우주선으로 돌아올 수 있도록 우주선과 연결되어 있어.

키노트 — 인간이 처음 우주로 로켓을 쏘아 올린 1957년부터 지금까지 수천 개의 인공위성과 수십 개의 태양계 행성 탐사 우주선을 우주로 보냈고, 수백 명의 사람들이 우주를 다녀왔지. 우주선이 좁긴 하지만, 의식주는 물론 운동과 과학 실험을 할 수 있는 공간까지 마련되어 있어.

미니퀴즈 궁금증 더하기
도전 나도 우주인!

우주인이 되려면 무엇을 준비해야 할까?

- **01** 키가 커야 해.
- **02** 과학을 공부해.
- **03** 좁은 공간에서 오래 있을 수 있어야 해.
- **04** 친구를 도와주는 마음을 길러야 해.

정답 · 02, 03, 04

우주선은 좁으니까 키가 크면 오히려 여기저기 부딪혀서 불편할 거야.
우주인이 되면 우주정거장이나 달에서 과학 실험을 해야 하니까 과학에 대한 기본 지식이 있어야 해.
우주에 가기 전에 미리 바닷속에 설치된 좁은 실험실에서 여러 사람이 함께 지내면서 모든 상황을 연습한대.
좁은 곳에서 여러 사람이 오랫동안 같이 생활해야 하니까 서로 이해하고 돕는 마음은 아주 중요하지.

외계인을 찾아라!

초5 　태양계와 별
중3 　별과 우주

이렇게 넓은 우주에
생명이 살고 있는 행성은
정말 지구 하나뿐일까?
우리 은하에 태양과 비슷한 크기의 별만 해도
수억 개는 넘을 거 같은데 말이야.
태양도 8개의 행성을 거느리고 있으니까,
다른 별들도 행성이 있지 않을까?
분명히 외계인이 있을 것 같단 말이지.

수천 개의 외계 행성을 찾았어!

작은 별 태양의 세 번째 행성인 지구에는 우주에 대해 꽤 많이 알고 있는 지구인들이 있지. 과학자들은 우리 은하 내에 우리 정도의 문명을 가진 외계인이 분명히 있을 거라고 생각해. 하지만 스스로 빛을 내는 별과 달리 행성은 빛을 내지 못할 뿐더러 크기도 훨씬 작아서, 찾아내는 건 불가능할 것으로 생각했지.
검은 도화지 위에 있는 보석 조각은 반짝이니까 잘 보이겠지만, 검은 가루가 흩뿌려져 있으면 있는지도 모르잖아.

1995년 최초로 태양이 아닌 별에도 행성이 있다는 사실이 밝혀졌어.
태양과 지구는 서로 잡아당기고 있지만, 태양이 워낙 크니까 지구만 태양 주위를 도는 것처럼 보이지.
하지만 태양도 자신의 주위를 도는 행성들 때문에 위치가 흔들리기도 하고,
행성들이 우연히 태양 앞으로 지나가면서 가려지면 밝기가 조금 감소하기도 해.
이런 원리를 외계 행성을 찾을 때도 똑같이 적용하는 거야.
행성이 별(항성) 앞을 지날 때 일시적으로 줄어드는 별빛을 확인해서 태양계 밖의 다른 행성을 찾을 수 있어.
감지하기 어려울 정도로 미세한 별빛 변화를 잘 관찰해서 행성이 있는지 파악하는 거지.
수많은 아마추어, 프로 천문학자들이 행성을 찾다가 외계 행성 탐사만 전문적으로 하는
위성 망원경을 쏘아 올렸고, 이후 수천 개나 찾았어.
10년 동안 외계 행성을 찾던 케플러 위성 망원경에 이어, 2018년 4월부터는 테스 위성 망원경이
외계 행성을 찾고 있어. 2019년에 쏘아올린 키옵스 위성 망원경은
발견된 외계 행성의 특징을 정밀 분석하고 있지.

생명체가 살 수 있는 행성의 조건

외계 행성을 찾았다고 해도 외계인은 없을 수 있어.
수성, 금성, 화성처럼 생명이 살지 못하는 환경도 많으니까.
지구처럼 생명 가득한 행성이 되려면 무엇이 필요할까?

물

생명 활동이 일어나려면 화학 반응이 잘 일어나고, 잘 녹이는 액체 물이 필요해. 우리 몸의 70%가 물이고, 모든 세포의 활동은 물속에서 이뤄지는 셈이거든.

지각 변동이 일어나는 땅

생명을 지지할 수 있는 단단한 땅이 있어야 해. 땅 아래 행성의 내부는 뜨겁고, 움직여야 화산 폭발과 지진이 일어나고 자기장도 생길 수 있지. 큰 환경 변화가 나타나야 다양한 생물의 진화가 일어날 수 있어.

대기를 붙잡을 수 있는 중력 크기

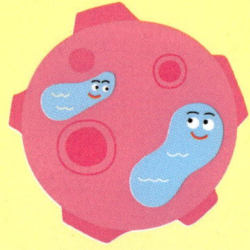

수성과 달은 작아서 대기가 없어. 화성은 그나마 대기가 조금 있다고 하지만 지구의 100분의 1밖에 없어.

별의 긴 수명

태양은 50억 년 전에 태어났는데, 그동안 지구에서 진화가 일어나서 인간까지 탄생했어. 태양보다 큰 별은 수명이 훨씬 짧아서 복잡한 구조와 체계를 가질 수 있는 생물이 탄생하기 전에 폭발해 버릴 수 있어.

이 모든 것은 별과 행성 사이의 거리가 적당할 때 일어난다는 사실!
너무 가까우면 물이 증발하고, 너무 멀면 얼음으로만 있을 테니까.
어떤 별 주변에서 적당한 거리로 떨어져 생명이 살 수 있는 구역을
생명 가능 지대(habitable zone)라고 불러.

우리는 언젠가 외계인 친구를 만나게 될까?

새롭게 발견한 행성에 생명이 있을까 없을까를 알아볼 때,
그 행성이 속한 별의 생명 가능 지대를 계산해.
그 안에 행성이 있다면 생명이 있을 가능성이 높다고 추측할 수 있어.
하지만 태양과 가장 가까운 별이 빛의 속도로 4년 넘게 가야 하는 곳에 있고,
대부분 별은 태양과 10광년 이상 멀리 떨어져 있어.
빛의 속도만큼 빠른 우주선이 개발되면 좋겠지만, 그 전에는 전파와 같이
간접적인 방식으로 소통해야 될 거라고 예상하고 있어.
그래서 지금도 과학자들은 우주를 향해 여러 가지 정보가 담긴
전파를 쏘고 있지. 누군가 알아봐 주길 바라면서 말이야.

 **키노트** 과학자들은 지구처럼 '생명 가능 지대'에 자리 잡은 지구형 행성에는 생명이 살고 있을 것으로 생각해. 지금까지 수천 개의 외계 행성을 찾았지만, 생명의 실마리는 발견하지 못했어. 외계 생명체를 찾기 위한 노력은 앞으로도 계속될 거야.

미니퀴즈 궁금증 더하기 **태양계 밖에 사는 외계 친구에게 편지 쓰기!**

태양계 밖 어딘가에 외계 친구가 있을 수도 있어.
그 친구에게 편지를 써 볼까? 어떤 생명체를 만나더라도 사이좋게 잘 지내자!

친절한 지구 과학 용어 사전

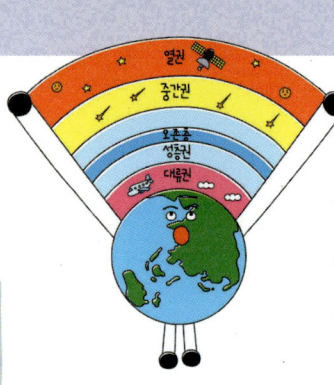

고도 • 태양과 지표면이 이루는 각.
공전 • 지구가 태양 주위를 한 바퀴 도는 것.
기단 • 성질이 비슷한 공기 덩어리.
기압 • 공기가 미는 힘.
난류 • 적도 부근에서 올라오는 따뜻한 해류.
대륙 지각 • 지구 표면을 구성하는 여러 개의 판 중 육지를 이루는 지각.
마그마 • 높은 온도와 압력 속에서 녹은 암석.
사리 • 달, 지구, 태양이 일직선으로 같은 방향에 있을 때, 밀물과 썰물의 차이가 큼.
성운 • 우주에 있는 가스와 먼지가 모여 있는 곳.
열점 • 지구 내부의 뜨거운 지점으로 마그마가 만들어지는 곳.
오로라 • 태양에서 오는 고에너지 입자가 지구 대기와 충돌하면서 빛을 내는 현상.
온실 기체 • 지구 대기 속에 존재, 지구의 기온을 지켜 주는 역할을 하는 기체.
용암 • 마그마에서 화산 가스가 빠져나간 것.
운석 • 우주에서 떨어진 돌멩이.
월식 • 지구 그림자에 달이 가려지는 현상.
위성 • 행성 주위를 도는 천체.
일식 • 달이 태양을 가리는 현상.

자외선 • 눈에 보이지 않는 태양 광선의 한 부분.
자전 • 자전축을 중심으로 하루에 한 바퀴씩 도는 것.
자전축 • 지구의 남극과 북극을 연결한 직선.
적도 • 지구의 자전축의 가운데에서 직각으로 지구 표면에 이은 선.
조금 • 달, 지구, 태양이 직각으로 있을 때, 밀물과 썰물의 차이가 크지 않음.
중력 • 지구가 모든 물체를 중심으로 끌어당기는 힘.
지각 • 지구 표면을 덮고 있는 부분.
지구 온난화 • 지구의 기온이 높아지는 현상.
지구 자기장 • 주로 철 성분으로 이루어진 외핵이 회전하면서 만들어진 자기장.
지진 • 판과 판사이의 움직임으로 지각이 흔들리는 현상.
지층 • 오랜 시간 동안 여러 종류의 돌이 쌓여 있는 층.
침식 • 돌이나 흙이 비바람에 휩쓸려 깎이고 쓸려 나가 없어지는 현상.
태양계 • 태양과 태양을 중심으로 돌고 있는 천체.
태양풍 • 태양에서 폭발이 일어날 때 우주로 뿜어져 나오는 고에너지 입자들.
퇴적 • 흐르는 물에 휩쓸린 알갱이들이 바닥에 점점 쌓이는 것.
판 • 지구 표면을 덮고 있는 지각과 맨틀 부분.
풍화 • 암석이 물, 햇빛, 바람에 갈라지고 부서지는 현상.
한류 • 극지방 근처에서 내려오는 차가운 해류.
해류 • 바닷물의 흐름.
해양 지각 • 지구 표면을 구성하는 여러 개의 판 중 해양을 이루는 지각.
행성 • 태양 주위를 돌고 있는 8개의 천체.